J. J. Benítez

Planeta encantado

El secreto de Colón
Un as en la manga de Dios

Planeta

J. J. Benítez

Planeta encantado

El secreto de Colón
Un as en la manga de Dios

Fotografías de **Iván Benítez**

Planeta

© J. J. Benítez, 2004
© DeAPlaneta, S. L., 2004
© Editorial Planeta, S. A., 2004
    Diagonal, 662-664, 08034 Barcelona (España)
Diseño de colección: Jordi Lascorz
Fotografías de cubierta e interior: © Iván Benítez
Mapas e ilustraciones: © Nausica Martínez
Primera edición: marzo de 2004
Edición: bms-editora
ISBN 84-08-05087-7

Editorial Planeta Colombiana S. A.
Calle 73 No. 7-60 Bogotá, D. C.

Colombia: www.editorialplaneta.com.co
Venezuela: www.editorialplaneta.com.ve
Ecuador: www.editorialplaneta.com.ec

ISBN: 958-42-1047-5

Primera reimpresión (Colombia): septiembre de 2004
Impresión y encuadernación: Imprelibros S. A.
Impreso en Colombia - Printed in Colombia

Índice

En Lisboa, Colón
se reúne con su
hermano Bartolomé
y trabaja como
mercader de libros
de estampa.

El secreto
de Colón

Al profesor Juan Manzano y Manzano,
por su esfuerzo y valor

Enigmas en el corazón humano

El lado oscuro de Colón

«Planeta encantado» nació como uno de los proyectos más ambiciosos en mi carrera como investigador y divulgador. Se trata, en efecto, de recorrer el mundo y sacar a la luz los enigmas que todavía conserva la raza humana. Enigmas en las cumbres, en los hielos, en las junglas, en la sabana, en el pasado y también en el corazón del hombre. Enigmas que nos hacen soñar y, sobre todo, dudar. Éste es el principal objetivo de «Planeta encantado»: invitar a la reflexión, animar al lector a la duda permanente. «Planeta encantado» no pretende mostrar la verdad. En todo caso, la otra cara o caras de la verdad. Después, usted juzgará.

Y he dicho bien: los enigmas que encierra el corazón del hombre. Probablemente, los misterios más arduos y oscuros. Siempre me sentí atraído por esa región del alma humana, ora en penumbra, ora en tinieblas. Siempre experimenté una intensa inclinación por los hombres y mujeres malditos, marginados, incomprendidos, amados o discutidos. Éste es el caso que ahora me ocupa: Colón. Mejor dicho, el lado oscuro del descubridor...

El implacable destino No voy a negarlo. Creo en el Destino, pero con mayúscula. Estoy convencido de que cada ser humano aparece en la Tierra con un «papel» minuciosamente diseñado y calculado. Sólo así entiendo por qué ocurren las cosas. Pero de este formidable «hallazgo» he sido consciente hace muy poco tiempo. Antes, durante la mayor parte de mi vida, consideré que todo se debía al azar. Todo era fruto de la caprichosa e incomprensible casualidad. Por eso no comprendía la tozudez de Cristóbal Colón. Y estudié su vida y figura una y otra vez. Y conforme fui profundizando, más oscura se presentó esa casi enfermiza obsesión del futuro Almirante de la mar Océana. ¿Por qué Colón se enfrentó a todo y a todos? ¿Por qué jamás cedió?

Hasta que un día lo descubrí: era ese Destino —siempre sutil e implacable— el responsable de semejante tozudez...

Pero vayamos por partes. Bueno será que ponga en orden los pensamientos.

No creo en la libertad (aquí).
Cada ser humano cumple
su Destino, inexorablemente.

Colón fue el último

1

Sin escrúpulos...

Colón se apropió de algo
que no era suyo. (República
Dominicana.)

En el momento oportuno, enfrascado en
las investigaciones y estudios sobre el célebre genovés, el Destino me tendió su mano.
Fue en el monasterio de La Rábida, en
Huelva (España). Allí, de pronto, no sé por
qué razón, el entonces prior de los franciscanos, Francisco de Asís Oterino, me
hizo una revelación: «Colón, estimado amigo, lo sabía. Sabía muy bien hacia dónde
quería navegar...» Y me confió parte de
un secreto que, sinceramente, me dejó perplejo. Entonces, como digo, comprendí.
Y la imagen de Colón se presentó en su
auténtica dimensión: astuto, frío, calculador y despiadado. Un individuo sin escrúpulos, que se apropió de lo que no le per-

Los franciscanos de La Rábida
sabían el secreto de Colón. Ellos me
pusieron en la pista.

tenecía. Un hombre que cumplió su Destino de forma inexorable. Como todos...

Y por consejo del prior me puse en contacto con Juan Manzano y Manzano, catedrático de la Universidad Complutense de Madrid y uno de los mejores americanistas del momento. Fue este hombre, sabio y afable, quien terminó de empujarme al ojo del huracán y del gran secreto de Colón. Todo lo que sé se lo debo a él.

La historia arranca hacia el año del Señor de 1476. Es decir, unos dieciséis años antes del famoso descubrimiento oficial. Pero, en realidad, la verdadera historia no empieza ahí. Colón fue el último en descubrir América...

Veamos, muy sintetizadas, algunas de mis indagaciones al respecto:

• Año 412 después de Cristo. Según lo narrado en el libro llamado *Liangshu o la Historia de la dinastía Liang*, en el referido siglo V, un monje budista (Hui Shen o Fa Hsieng) desembarcó en las costas americanas del Pacífico, probablemente en lo que hoy conocemos como Acapulco, en México. Según las crónicas chinas, este monje, en compañía de otros hermanos de religión, emprendió un largo viaje hacia la India con el fin de conocer los santuarios budistas existentes en dicha región. A su

Monasterio de La Rábida,
en Huelva.

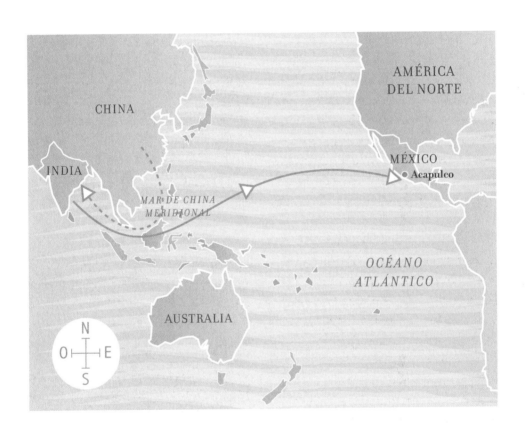

Monjes chinos llegaron a México
mucho antes que Colón, según
la tradición budista.

Posible ruta seguida por los vikingos hace mil años, aproximadamente.

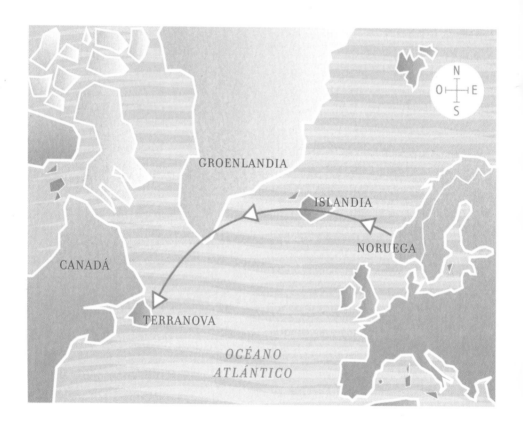

regreso, en octubre, cuando navegaban por el mar de China meridional, un tifón empujó la embarcación hacia el este, y desembarcaron en las costas de México. El 13 de abril del año 413, al parecer, regresaron a China. Esta referencia coincide con otras alusiones chinas a «Fusang»: el «país del este» (presumiblemente, América).

• Año 990 (algunos estudiosos hablan del 985). Los vikingos llegan a Groenlandia y, desde allí, a las costas orientales de Norteamérica. Los relatos de los audaces normandos se propagaron rápidamente. Y de Noruega, patria de los vikingos, saltaron al resto de Europa, y fueron consignados en el año 1070 por el sabio alemán Adam von Bremen. El descubrimiento, al parecer, se debió a la precipitada fuga de Erik *el Rojo*. Tras una sangrienta venganza, los islandeses desterraron a Erik por tres años. Y el Rojo se embarcó rumbo al poniente con su familia y un puñado de seguidores. Así fue como llegaron a Groenlandia. De aquí, muy probablemente, los vikingos navegaron a las costas de Canadá y Estados Unidos (Labrador y Terranova y Massachusetts, respectivamente).

• Año 1300. El sultán de Guinea, un tal Gao, mandó construir una numerosa flota con el fin de averiguar si existía tierra firme al

¿Árabes en América antes de 1492? ¿Cómo explicar las numerosas leyendas?

21

otro lado del océano (actual Atlántico). Y se hizo a la mar, aunque jamás regresó. La referencia procede de Mussa, sucesor de Mahommed Gao (1324), cuando se dirigía en peregrinación a La Meca. Al detenerse en El Cairo se lo contó a Ibn Amir Hadjib, gobernador de la referida ciudad egipcia. ¿Pudo ser éste el origen de las numerosas leyendas que hablan de árabes en América antes de 1492?

A principios del siglo XVI, por ejemplo, Fernández de Oviedo, gobernador de la Castilla del Oro, aseguraba que los naturales llamaban «quevi» al cacique. «Quevi», en árabe, significa «grande». Y escribía que aquellas gentes rezaban en mezquitas.

Juan Castellanos, por su parte, afirma que peleó en Venezuela con la secta de Mahoma, amén de recordar a una tal Leonor, morisca, apodada «Fundimenta».

En 1517, el que fuera gobernador del Yucatán, Fernández de Córdoba, estuvo a punto de morir a manos de un negrillo, armado con un alfanje. Así reza en sus crónicas.

Demasiadas coincidencias. Como bien señala Álvarez de Toledo en su libro *África versus América*, de no haber existido población musulmana en América, Carlos V podría haberse ahorrado la provisión de 1540, prohibiendo hacer cautivos a los mahometanos naturales que hubiesen dado vasallaje a las coronas de Castilla o Portugal...

• Año 1311. Otro audaz pueblo, el mandinga, ubicado en las costas de África Occidental, se aventuró igualmente en el océano. Y cuentan que el rey Abubakari II, al frente de dos mil canoas, alcanzó tierras americanas. Concretamente, Recife, en Brasil. Pero nunca regresaron. De ser cierto, este suceso marcaría la primera y masiva presencia de hombres negros en América.

• Año 1421. El británico Gavin Menzies, de la Royal Navy, afirma que fue el almirante chino Zheng He quien llegó a las costas del Caribe entre los años 1421 y 1423. Es decir, unos setenta y un años antes del descubrimiento colombino. Menzies asegura que los restos de los barcos chinos se encuentran esparcidos en el fondo de las costas caribeñas y australianas. En unas declaraciones publicadas en *The New York Times*, Gavin revela que Zheng He fue también el primer navegante que intentó dar la vuelta al mundo. Lo hizo en una embarcación de nueve palos y sesenta metros de eslora.

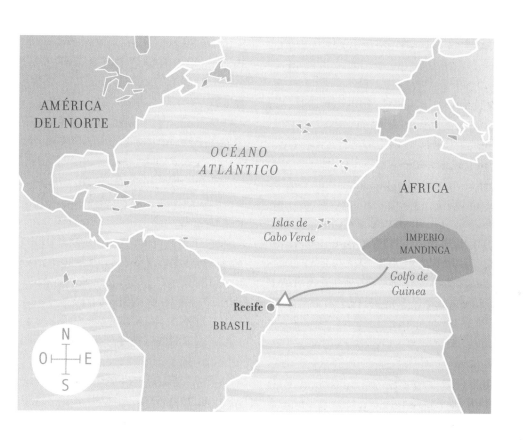

AMÉRICA
DEL NORTE

OCÉANO
ATLÁNTICO

ÁFRICA

Islas de
Cabo Verde

IMPERIO
MANDINGA

Golfo de
Guinea

Recife
BRASIL

N
O   E
S

Casi doscientos años antes que
Colón, los mandinga llegaron a las
costas de Brasil en dos mil piraguas.
Pero nunca regresaron.

*Monedas romanas
en América.*

Huellas comprometedoras A lo largo de los años han ido apareciendo numerosas huellas que —de ser ciertas— ratificarían ese viejo convencimiento: Colón fue el último. Veamos algunas de las más sorprendentes:

• En mayo de 1980, la revista *Science Digest* (tomo 89) hacía públicos los hallazgos del profesor Barry Fell (Universidad de Harvard): una serie de inscripciones y un barco tallados en una roca de Mount Hope, en Rhode Island. En dicha leyenda —en caracteres púnicos— se lee: «Esta roca es el saludo (testimonio) de los marinos de Tarshish.»

• Años atrás (1958), otros arqueólogos descubrieron en Massacre Lake (Nevada) una inscripción igualmente púnica (fenicia). Según los expertos se remontaría al año 100 antes de Cristo.

• Monedas romanas acuñadas en tiempos de Augusto, Constantino, Honorio y Teodosio fueron encontradas en México, Costa Rica, Venezuela y costas de Ecuador. ¿Navegaron los romanos hasta América entre los siglos I antes de Cristo y IV después de Cristo? ¿Fueron los ya mencionados fenicios quienes transportaron estas monedas hasta el Nuevo Continente?

• En tierras aztecas se descubren también un torso de Venus y una tanagra o cabeza griega (siglo IV antes de Cristo). En 1933 se procede a otro singular hallazgo, también en México: una pequeña cabeza de barro, de origen romano, datada en el año 200 después de Cristo. Fue extraída por el arqueólogo García Payón en el montículo 6 de la zona arqueológica de Tecaxic-Calixtlahuaca.

• En el municipio colombiano de Chivatá, muy próximo a la ciudad de Tunja, fue hallado en 1974 un «ostracón» (pequeño trozo de cerámica), al parecer de origen judío. Presentaba varias palabras en hebreo. Origen desconocido (¿dos mil años antes de Cristo?).

• Isla de Oak, al este de Canadá. En un pozo de 28 metros de profundidad fue descubierta una piedra de pórfido de noventa centímetros de longitud. En ella puede verse una extraña inscripción. La mayor parte de los lingüistas coinciden: podría tratarse de bereber antiguo, una de las lenguas habladas y escritas en el Sahara que desapareció con la desertización hace más de cuatro mil años.

• En el año 1964, el noruego Helge Ingstad encontró en el extremo septentrional de Terranova los restos de un posible cam-

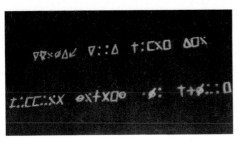

*Escritura bereber
descubierta en Canadá.*

*Todo parece indicar
que también
los pueblos del
Sahara navegaron
hacia el oeste
mucho antes del
descubrimiento
oficial.*

pamento vikingo. Entre los restos aparecieron una forja de características normandas y varios fragmentos de hierro, material desconocido por los indios americanos. La madera analizada por el procedimiento del carbono 14 arrojó una antigüedad de mil años.

• En 1979 se daba a conocer otra noticia que no dejaba lugar a dudas: los vikingos visitaron prácticamente toda Norteamérica. Así lo demuestran las monedas acuñadas en Noruega entre el 1065 y el 1080 y que han sido encontradas en las ruinas indias del estado de Maine.

• En agosto del año 2002 regresaba a la actualidad un viejo y polémico asunto: el llamado mapa de Vinland. Para la Universidad de Yale y el Museo Británico, la prueba definitiva del descubrimiento de América por los vikingos. Así lo anunciaron el 12 de octubre de 1965. Estudios posteriores echaron por tierra esta pretensión: la tinta del referido mapa —según Walter McCrone— era moderna (confeccionada en el siglo XX). Ahora, en un nuevo análisis realizado en el acelerador de partículas de la Universidad de Arizona, los veintiocho miligramos extraídos del mapa han arrojado una nueva fecha: 1434. En otras palabras: si el mapa de Vinland es auténtico, habría sido dibujado diecisiete años antes del nacimiento de Colón y cincuenta y ocho antes del descubrimiento de los españoles.

• Para otros investigadores, el único mapa que merece confianza, y que demostraría que América era conocida antes de 1492, es el llamado mapamundi de Martellus, elaborado en 1489. Henricus Martellus Germanus nació hacia 1440. Trabajó como cartógrafo del Vaticano, y fue reconocido como uno de los grandes sabios alemanes del siglo XV. Fue en 1941 cuando el eminente Almagiá, editor de la *Monumenta Cartographica Vaticana*, llamó la atención de los eruditos sobre lo que definió como la «cuarta península asiática» en el referido mapa de Martellus. Una región en los confines de Asia y que recordaba el perfil de América. Un mapa, según los pleitos colombinos, que fue entregado a Martín Alonso Pinzón por un familiar del papa Inocencio VIII, en una visita del marinero de Palos a la ciudad de Roma. En esa ocasión, además del mapa, Martín Alonso Pinzón pudo recibir un escrito que decía: «... Navegarás por el mar Mediterráneo hasta el fin de España..., y allí, *al poniente del sol*, entre el norte y el mediodía, por la vía temperada hasta 95 grados del camino hallarás una tierra de Cipango, la cual es tan fértil y abundosa que, con su grandeza, sojuzgarás África y Europa...» Aunque el origen salomónico del documento es más que dudoso (Europa no existía como tal en el año 900 antes de Cristo), la verdad es que, si la historia es cierta, Alonso Pinzón habría recibido, antes de embarcarse con el Almirante, una información secreta que apuntaba directamente a México. Este país se encuentra a 95 grados del Guadalquivir. El hecho fue ratificado por Fernández Colmenero, compañero de Pinzón en el descubrimiento. El marino aseguró que Pinzón «traía acuerdo de ir a descubrir» y que el consejo le fue dado por el Vaticano (*Pleitos colombinos*, tomo VIII).

• Pero más intrigante aún es la existencia de maíz en tierras del sur de España, antes de 1492. Todo el mundo sabe que esta planta es oriunda de América. ¿Cómo explicar entonces lo escrito por Alonso de Palencia con motivo de los ataques de Enrique IV a la ciudad de Granada en 1456? Según Palencia, el rey preparó la conquista de la ciudad morisca «quemándoles en verano las mieses y en otoño las cosechas de mijo y maíz». Y así durante cinco años...

¿Cómo entender igualmente el símil utilizado por Erik *el Rojo* cuando compara el

Maíz en el sur de España antes de 1492. ¿Quién lo transportó desde América?

Barbate (Cádiz).
*Años antes del descubrimiento
se comercializaba con productos
americanos. La historia,
sin embargo, no lo dice.*

ruido de los remos con el chocar de los granos de maíz?

• ¿Y cómo justificar los llamados «aranceles de descarga», en los puertos de Barbate, Vejer, Conil y Chiclana, al sur de España, en los que —años antes del descubrimiento— se hace expresa mención de la manegueta, la guindilla que se cultivaba en Chiapas, en la actual Guayana Francesa y en Jamaica? Unos comprometedores aranceles en los que también se pasa lista a otras mercancías típicamente americanas. Éste es el caso de los «almayzares» o velos de algodón de colores; del añir, otro producto de las Indias Occidentales; del caucho; la grana y los pellejos de gato cerval que algún tiempo

después serían mencionados por Fernández de Oviedo.

• En 1998 se registró en Cuba un descubrimiento que, prácticamente, no ha trascendido: en febrero del citado año, el investigador Jorge Díaz sacó a la luz un esqueleto que fue datado en el 800 después de Cristo. El hallazgo tuvo lugar en la cueva «El Naranjo», al sur de la bahía de Matanzas (región occidental de la isla). Al examinar los restos humanos, los médicos coincidieron: aquel individuo había padecido la enfermedad de la lepra. ¿Lepra en Cuba en el 800 después de Cristo? La lepra llegó a Cuba y al resto de América con los conquistadores españoles... ¿Quién era este incómodo personaje?

Cuba. El hallazgo de un «leproso» antes de los conquistadores españoles fue prácticamente silenciado en Europa.

29

La muy secreta historia

2

Todo empezó mucho antes...

Como iba diciendo, la muy secreta historia de Cristóbal Colón empieza hacia el año del Señor de 1476 y en tierras portuguesas. El Destino, implacable, va empujando a un joven Colón que apenas cuenta veinticinco años de edad...

El 13 de agosto de ese año, Colón viaja como marinero en uno de los barcos propiedad de los Spínola y Di Negro. Transporta especias desde la isla de Chíos a Flandes. Pero la flota es sorprendida por la marina francesa. Los genoveses luchan y Colón resulta herido. Salta al agua y consigue nadar hasta las costas de Lagos, al sur de Portugal, con la ayuda de un remo que había quedado flotando. Allí es curado y

En 1476, un joven Colón llegó nadando hasta las costas portuguesas. Cosas del Destino...

*La vocación marinera de Colón fue
tardía y comenzó gracias a su
actividad en el comercio marino
entre ciudades mediterráneas.*

Colón parte hacia Lisboa. El joven genovés permanecería en Portugal durante nueve años. Nueve largos años en los que el Destino, como digo, lo prepararía para la historia de todos conocida..., y «algo» más.

Escasa experiencia en la mar La mayor parte de los americanistas coinciden: Colón, en esas fechas, carecía de experiencia náutica. Procedía de una familia humilde. Su padre era tejedor y comerciante. Colón, en realidad, se ocupaba de los negocios familiares. A los veintidós años era todavía un cardador en Génova, una ciudad medieval como tantas. Y pudo ser ahí donde arrancó en un nuevo oficio: el de marinero. Colón, quizá (no hay datos fiables al respecto), se inició en el comercio marítimo en los pequeños barcos de vela existentes entre Génova y Savona. Probablemente comerció con vinos, tejidos, quesos y algodón. Después, hacia 1471, Colón se embarca en un navío propiedad del rey René de Provenza. Y navega hasta Chíos, uno de los centros en el comercio de especias. Poco a poco se familiariza con el mundo de los negocios en la mar y con los grandes potentados del momento: los Di Negro, los Spínola y, sobre todo, los Centurioni. Y es en una de estas expediciones (1476) cuando el Destino, como digo, lo hace naufragar, y se instala en Portugal. Colón, en definitiva, no poseía otra ilustración que las primeras letras. Fue a raíz de su estancia en tierras portuguesas cuando empezó a leer y cultivarse.

En Lisboa, al parecer, se reúne con su hermano Bartolomé y trabaja como mercader de libros de estampa. Y es en la isla de Madeira donde entra en los negocios de compra de azúcar...

En esas fechas (muy probablemente en 1477, otros especialistas hablan de 1476) conoce a Felipa Moniz, una dama portuguesa de cierto linaje e hija de Bartolomé Perestrello, estrecho colaborador de Enrique *el Navegante* y gobernador de la isla de Porto Santo. Perestrello, al parecer, descendía de Piacenza, en la Lombardía, y había destacado —según Cá da Mosto— como excelente marino y mejor comerciante colonial. Colón se traslada a Porto Santo y se aloja en la casa de su suegra. Allí nace su primer hijo, Diego, que llegaría a ser virrey de las Américas (muy probablemente en 1478). Con posterioridad, Colón y Felipa se mudaron a Funchal, capital de la isla de Madeira. Y fue en estas islas portuguesas donde el Destino empezaría a trenzar una formidable historia. La historia secreta de Colón...

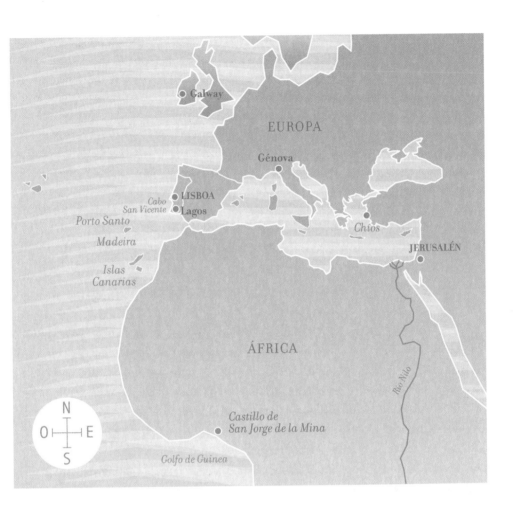

Galway

EUROPA

Génova

Cabo **LISBOA**
San Vicente **Lagos**

Porto Santo

Madeira

Islas
Canarias

Chíos

JERUSALÉN

ÁFRICA

Río Nilo

N
O — E
S

Castillo de
San Jorge de la Mina

Golfo de Guinea

*Una de las escasas
imágenes de Felipa
Moniz, esposa de
Cristóbal Colón.*

La familia

• Hay dudas, pero Cristóbal Colón pudo nacer entre el 25 de agosto y el 31 de octubre del año 1451, en la región de Génova (Italia).

• Su abuelo paterno fue tejedor de lana en Moconesi, a unos treinta kilómetros al este de Génova.

• Domenico Colombo, su padre, fue igualmente tejedor en la región genovesa de Quiuto. En 1440 vivía en las proximidades de Porta dell'Olivella (Génova). Contrae matrimonio en 1445 con Susana Fontanarossa, hija igualmente de un tejedor. En la Casa de Porta dell'Olivella nace Colón. Sus hermanos mayores mueren prematuramente.

• Hacia 1453 nace su hermano Bartolomé. El último de los hermanos de Cristóbal viene al mundo en 1468, cuando Colón contaba ya diecisiete años de edad. Su nombre era Jaime (identificado como Diego por los españoles).

• En 1470, Doménico Colombo se traslada a Savona. La familia se aventura en otros negocios. Colón, el mayor de los hijos, toma parte activa en la empresa familiar de compra y venta de vinos, tejidos, etc. A los veintidós años, Cristóbal vende la casa paterna de Porta dell'Olivella.

• Cristobal tenía los ojos azules. Era alto, con una nariz curva y «judía», tez morena y un rostro alargado. Encaneció a los treinta y uno o treinta y dos años. Su lenguaje era amigable y digno, según Hernando, su hijo y biógrafo.

*Isla de Madeira. Colón empieza
a escuchar extrañas historias...*

Primeras y extrañas noticias Es muy probable que en esta isla de Porto Santo Colón escuchase por primera vez unas desconcertantes y excitantes noticias. Rumores y cuasi leyendas sobre la existencia de «otras tierras e islas, más allá de la mar Tenebrosa». Colón, ajeno a la gloria que le aguarda, se va interesando lentamente por estos avisos de los viejos marinos portugueses. Y la pasión por la mar vuelve a encenderse. Su hijo Hernando, años más tarde, dejaría constancia de estas importantes noticias en su obra *Vida del Almirante*.

Las gentes de Porto Santo, Madeira e, incluso, Azores, le contaron cómo los vientos de poniente arrojaban con frecuencia a las playas restos de árboles desconocidos en aquellas latitudes.

En una ocasión, la mar depositó en la isla de las Flores los cadáveres de dos hombres de caras muy anchas y aspecto distinto del de los europeos y africanos.

En esas fechas —hacia 1477—, en un viaje de negocios a la ciudad irlandesa de Galway, el propio Colón fue testigo de la presencia de un hombre y una mujer que habían llegado por mar y que en nada se parecían a los europeos. El genovés, al parecer, los tomó por chinos o hindúes, arribados a Irlanda por el occidente. Y así

*Playas de Porto Santo. Colón recibe
noticias de maderos labrados
procedentes de poniente.*

lo escribió en las notas que aparecen en los márgenes de la *Historia rerum*.

La semilla del gran proyecto estaba siendo sembrada en el corazón del genovés...

Y los avisos —decisivos, diría yo— siguieron llegando a oídos de Colón: al otro lado del Atlántico (entonces conocido como el mar Tenebroso) existían tierras y gentes. ¿Sería posible una navegación hacia el oeste?

Martín Vicente, piloto del rey portugués, habló igualmente con el cada vez más entusiasmado Colón, comunicándole que, navegando a 450 leguas al oeste del cabo de San Vicente, recogió un madero ingeniosamente labrado. Y dado que los vientos procedían de poniente, el marino dedujo que el tronco debía de haber navegado desde tierras existentes hacia el oeste.

También los pescadores del cabo de La Vela le pusieron al tanto de otra singular visión. No hacía mucho se habían cruzado con varias y enormes almadías. Todas disponían de casas de madera y eran gobernadas por gentes extrañas.

Pedro Correa, su cuñado, contribuiría —y de qué forma— a excitar los ánimos y la imaginación del genovés con otra noticia de parecido corte: él mismo fue testigo de la aparición en las playas de Porto Santo de otro madero labrado y de unas cañas

La semilla del gran proyecto estaba siendo sembrada en el corazón del genovés.

Colón lo ve en Galway: gentes
llegadas por mar, por el oeste.
Gentes extrañas.

tan gruesas que, de nudo a nudo, podían contener nueve garrafas de vino. Unas cañas nunca vistas en Europa y África. Unas cañas, con toda seguridad, empujadas por vientos y corrientes desde tierras ignoradas o, tal vez, desde la India, como había sentenciado Ptolomeo en el libro primero de su célebre *Cosmografía*.

Los misteriosos papeles de Perestrello

Esta oleada de avisos, en mi opinión, fue clave. Y la semilla del proyecto colombino empezó a germinar. Lentamente, casi sin querer, Cristóbal Colón se vio envuelto en una apasionante idea: «navegar hacia el este (Indias) por el oeste».

Y pudo ser este creciente entusiasmo de Colón lo que, con toda probabilidad, estimuló a su suegra a entregarle los escritos y cartas de marear de su marido, Bartolomé Perestrello, fallecido unos veinte años atrás. Estoy de acuerdo con mi maestro, el gran americanista Juan Manzano y Manzano: «Éstos fueron los primeros papeles de carácter geográfico que llegaron a manos de Colón.» Y el propio Hernando, su hijo, asegura que, con su lectura, su padre «se entusiasmó más».

Poco o nada sabemos sobre la naturaleza de estos misteriosos papeles de Perestrello. Lo que sí parece claro es que dicha información tuvo que coincidir con las narraciones de los marinos y pescadores lusitanos y castellanos. Era el segundo «aviso» del Destino...

Y Colón, según todos los indicios, puso manos a la obra. A partir de esos momentos empieza una auténtica preocupación por ilustrarse en los asuntos de la mar. Como ya he mencionado, el genovés era casi analfabeto en cuestiones marinas. No es cierto que estudiara Cosmografía en la universidad italiana de Pavía. Este dato, aportado por su hijo Hernando, es pura invención. Hernando, comprensiblemente, quiso dibujar la imagen de un Colón universitario, tan importante en aquellos tiempos. De ser cierto, el propio Colón lo habría citado en sus escritos. Por ejemplo, en la carta de 1501, dirigida a los Reyes Católicos y en la que refiere sus conocimientos: «... abundosos en la marinería; de Astrología, lo que bastaba, y así de Aritmética y Geometría.» Es en Portugal, y por las razones ya expuestas, cuando Cristóbal Colón establece un contacto más íntimo con las obras de cosmografía. Pero no es suficiente. Estas informaciones —a decir de los expertos— no pudieron justificar la proverbial tozudez del futuro Almirante de la mar Océana. Tenía que haber algo más...

*Porto Santo: escenario del gran
secreto del Almirante.*

*Cuatro o cinco
hombres enfermos
desembarcan en
Porto Santo.*

El piloto anónimo Y el Destino —sabiamente— lo llevó a Porto Santo. Y llamó con fuerza al corazón del inquieto genovés. Fue en esas fechas (alrededor de 1478 o 1479) cuando tuvo lugar el gran suceso de su vida. Un acontecimiento que cambiaría, bruscamente, el rumbo de la existencia de Cristóbal Colón. Un hecho que muy pocos conocieron y conocen. «Algo» que se convertiría en su gran secreto y en su gran tragedia...

En ese tiempo, mientras Colón recibe las noticias sobre hombres extraños y maderos labrados procedentes del oeste, y casi simultáneamente a la entrega de los papeles de Perestrello, su suegro, una carabela arriba a las costas de Porto Santo. Es un navío casi desguazado, con una mermada tripulación. Son hombres enfermos y maltrechos. Al parecer, un piloto y cuatro o cinco tripulantes. ¿Castellanos? ¿Portugueses?

Y uno tras otro van muriendo. Colón, compasivo, se hace cargo del piloto y lo aloja en su casa. Mejor dicho, en la de su suegra. Y así, el increíble Destino cierra el círculo, poniendo en las manos de Colón una fascinante y decisiva historia.

No sabemos si por agradecimiento, quizá porque sabe que la muerte le ronda, pero

El piloto anónimo muere en la casa donde reside Colón.

*Los vientos alisios empujan
la carabela hasta el Caribe.*

la cuestión es que dicho piloto anónimo termina por narrar a Colón los detalles de su peripecia…

Navegando desde las costas africanas –probablemente en la región del golfo de Guinea–, la carabela, que transporta madera y alimentos, se ve sorprendida por una furiosa tormenta. Y los poderosos vientos alisios la desvían de su inicial derrota (presumiblemente hacia la península Ibérica o Inglaterra). Finalmente, la tripulación escapa del temporal y descubre con asombro que se encuentra en mitad de unas islas desconocidas.

La sífilis Ellos no lo saben. Los vientos los han empujado hasta el Caribe. Y durante dos años (quizá 1476 y 1477), estos hombres blancos y barbados navegan de isla en isla. Son bien acogidos por los naturales y se mezclan y conviven con ellos. Llegan a construir un pequeño fuerte y descubren oro. Y el prenauta o piloto desconocido va tomando notas de cuanto ve. Registra perfiles, ensenadas y montañas. Calcula leguas y distancias. Reseña marcas y referencias. Hasta que, un día, aquel paraíso se convierte en un infierno. La tripulación, carente de defensas, contrae una dolencia tan peligrosa como desconocida. Ellos no pueden saberlo: las bellezas taínas les han con-

▲

Las bellezas taínas terminan con la vida de los navegantes anónimos.

Estatuilla precolombina en la que se aprecia la posible enfermedad de la sífilis.

tagiado la *Spirochaeta pallida*, la temible sífilis. Una enfermedad nueva en Europa, trasladada por los navegantes y conquistadores españoles a partir de 1493. Una terrible dolencia que afectó también a Martín Alonso Pinzón y que es referida por fray Ramón Pané, Rodrigo Díaz de Isla, fray Bartolomé de las Casas y Gonzalo Fernández de Oviedo. Mencionaré tan sólo uno de los testimonios. De las Casas, en su *Apologética histórica*, escribe al respecto: «...hice algunas veces diligencia en preguntar a los indios desta isla [La Española: actual República Dominicana] si era en ella muy antiguo este mal [de las bubas], y respondían que sí, antes que los cristianos a ella viniesen sin haber de su origen memoria, y desto ninguno debe dudar...»

Y el dominico puntualiza: «Es cosa muy averiguada que todos los españoles incontinentes, que en esta isla no tuvieron la virtud de la castidad, fueron contaminados dellas, de ciento no se escapaba uno si no era cuando la otra parte nunca las había tenido; los indios, hombres y mujeres, que las tenían, eran muy poco dellas aflijidos, y cuasi no más que si tuvieran viruelas, pero a los españoles les eran los dolores dellas grande y continuo tormento, mayormente todo el tiempo que las bubas fuera no salían.»

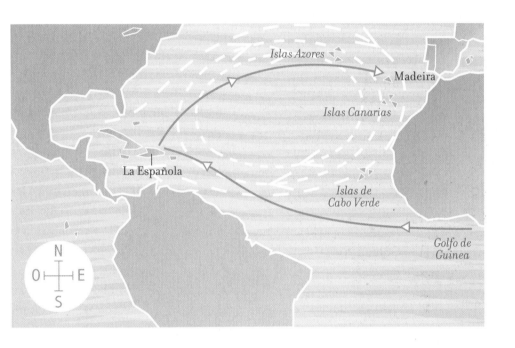

Posible ruta del piloto anónimo.

Poco después, hacia 1495, la sífilis se extendió por Europa con gran rapidez, en especial por tierras italianas, por obra y gracia de los ejércitos franceses de Carlos VIII.

La larga estancia del piloto anónimo y de su gente entre las islas del Caribe terminó propiciando la evolución de las «bubas» (sífilis), y el mal, con toda probabilidad, pudo alcanzar la fase secundaria. Y los hombres blancos vieron con terror cómo sus cuerpos se cubrían de pústulas (erupción sifilítica), que provocaban fiebre, dolores intensísimos y una postración general. Fue el momento clave. El piloto anónimo, desesperado, tomó la decisión de regresar. Y en el penoso camino de vuelta muere el resto. Sólo unos pocos —agonizantes— llegan a divisar tierra. Y allí, cosas del Destino, está Cristóbal Colón...

Es muy posible que este retorno ocurriera, según los especialistas, entre los ya citados años 1478 y 1479. Colón podía hallarse en Porto Santo o, quizá, en Madeira. La cuestión es que, como digo, coincide con el desembarco del piloto anónimo. Y el Destino hace que dicho prenauta muera prácticamente en las manos del genovés. Y Colón, astuto y calculador, hace suyas confidencias, croquis, mapas y toda la información suministrada por el desdichado piloto anónimo.

Es entonces, sólo entonces, cuando Colón, dueño y señor de la oportunísima revelación, se entusiasma definitivamente con la idea de alcanzar esas tierras ignoradas, y utiliza para ello el peligroso y desconocido camino de Occidente...

Denunciado en 1535 Esta asombrosa historia —guardada celosamente por el Almirante y de la que tuve noticias en los años setenta, en el referido convento de La Rábida— fue divulgada (yo diría que denunciada) por primera vez, en letra impresa, en el año 1535 y en la ciudad de Sevilla. Su autor: Gonzalo Fernández de Oviedo. En dicha fecha, y en la imprenta de Juan Cromberger, Fernández de Oviedo publicaba la primera parte de su *Historia general y natural de las Indias*. Pues bien, en el capítulo II del libro segundo, el cronista hace un exhaustivo relato de las peripecias del mencionado predescubridor. Hacía treinta años que Colón había muerto. En vida del genovés, al parecer, nadie se atrevió a semejante denuncia. Después, otros escritores de los siglos XVI y XVII se harían eco también de lo acaecido con el prenauta. Así lo cuentan López de Gómara, fray Bartolomé de las Casas —acérrimo defensor de la figura de Colón—, Baltasar Porreño y el doctor Gonzalo de Illescas, entre otros.

Testimonios sobre el piloto anónimo

Aunque los rumores sobre la existencia del prenauta corrían de boca en boca desde los inicios del descubrimiento «oficial» de América, sólo en 1535 se ponen por primera vez por escrito. He aquí una síntesis de los testimonios más destacados sobre la existencia de dicho piloto anónimo:

- **Gonzalo Fernández de Oviedo y Valdés**

Bajo el título *Del origen e persona del almirante primero de las Indias, llamado Cristóbal Colón, e por qué vía o manera se movió al descubrimiento de ellas, según la opinión del vulgo*, el cronista dice: «Quieren decir algunos que una carabela que desde España pasaba para Inglaterra cargada de mercadurías e bastimentos, así como vinos e otras cosas que para aquella isla se suelen cargar, de que ella caresce e tiene falta, acaesció que le sobrevinieron tales e tan forzosos tiempos, e tan contrarios, que hobo de necesidad de correr al Poniente tantos días, que reconosció una o más de las islas destas partes e Indias; e salió en tierra, e vido gente desnuda, de la manera que acá la hay; y que cesados los vientos, que contra su voluntad acá le trujeron, tomó agua y leña para volver a su primer camino. Dicen más: que la mayor parte de la carga que este navío traía eran bastimentos e cosas de comer, e vinos; y que así tuvieron con qué se sostener en tan largo viaje e trabajo; e que después le hizo tiempo a su propósito, y tornó a dar la vuelta, e tan favorable navegación le subcedió, que volvió a Europa, e fue a Portugal. Pero como el viaje fuese tan largo y enojoso, y en especial a los que con tanto temor e peligro forzados le hicieron, por presta que fuese la navegación, les duraría cuatro o cinco meses, o por ventura más, en venir acá e volver a donde he dicho. Y en ese tiempo se murió cuasi toda la gente del navío, e no salieron en Portugal sino el piloto con tres o cuatro, o alguno más, de los marineros e todos ellos tan dolientes, que en breves días después de llegados murieron.

»Dícese, junto con esto, que este piloto era muy íntimo de Cristóbal Colón, y que entendía alguna cosa de las alturas; y marcó aquella tierra que halló de la forma que es dicho, y en mucho secreto dio parte dello a Colón, e le rogó que le hiciese una carta y asentase en ella aquella tierra que había visto. Dícese que él le recogió en su casa, como amigo, y le hizo curar, porque también venía muy enfermo; pero que también se murió como los otros, e que así quedó informado Colón de la tierra e navegación destas partes, y en él solo se resumió este secreto. Unos dicen que este maestre o piloto era andaluz; otros le hacen portugués; otros vizcaíno; otros dicen que Colón estaba entonces en la isla de Madera, e otros quieren decir que en las de Cabo Verde, y que allí aportó la carabela que he dicho, y él hobo, por esta forma, noticia desta tierra.

»Que esto pasase así o no, ninguno con verdad lo puede afirmar; pero aquesta novela así anda por el mundo, entre la vulgar gente, de la manera que es dicho. Para mí, yo le tengo por falso, e, como dice el Augustino: "Mejor es dubdar en lo que no sabemos que porfiar lo que no está determinado."»

- **Francisco López de Gómara**

Diecisiete años después de la publicación de la obra de Fernández de Oviedo, otro reconocido cronista, Francisco López de Gómara, refrescaba la aventura del intrépido prenauta en su *Historia general de las Indias* (Zaragoza, 1552). En el capítulo XIII, titulado «Del descubrimiento primero de las Indias», dice textualmente:

«Navegando una carabela por nuestro mar Océano tuvo tan forzoso viento de levante y tan continuo, que fue a parar en tierra no sabida ni puesta en el mapa o carta de marear. Volvió de allá en muchos más días que fue; y cuando acá llegó no traía más de al piloto y a otros tres o cuatro marineros que, como venían enfermos de hambre y de trabajo, se murieron dentro de poco tiempo en el puerto. He aquí cómo se descubrieron las Indias por desdicha de quien primero las vio, pues acabó la vida sin gozar dellas y sin dejar, a lo menos sin haber memoria de cómo se llamaba, ni de dónde era, ni qué año las halló. Bien que no fue culpa suya, sino malicia de otros o envidia de la que llaman fortuna. Y no me maravillo de las historias antiguas que cuenten hechos grandísimos por oscuros principios, pues no sabemos quién de poco acá halló las Indias, que tan señalada y nueva cosa es. Quedáramos siquiera el nombre de aquel piloto, pues todo con la muerte fenesce. Unos hacen andaluz a este piloto, que trataba en Canarias y en Madera cuando le acontesció aquella larga y mortal navegación; otros vizcaíno, que contrataba en Inglaterra y Francia; y otros portugués, que iba o venía de la Mina o India, lo cual cuadra mucho con el nombre que tomaron y tienen aquellas nuevas tierras. También hay quien diga que aportó la carabela a Portugal, y quien diga que a la Madera o a otra de las islas de los Azores; empero, ninguno afirma nada. Solamente concuerdan todos en que fallesció aquel piloto en casa de Cristóbal Colón, en cuyo poder quedaron las escripturas de la carabela y la relación de todo aquel luengo viaje, con la marca y altura de las tierras nuevamente vistas y halladas.»

En este caso, la opinión de Gómara es contraria a la de Fernández de Oviedo. El que fuera capellán de Hernán Cortés sí cree en la realidad del piloto anónimo. Cabe, incluso, la posibilidad de que Gómara recibiera parte de la información de labios del propio Cortés que, como es sabido, vivió en Cuba. Allí, como veremos más adelante, los indios tenían memoria de unos hombres blancos y barbados que habían llegado a la región poco antes que Colón. Un testimonio confirmado igualmente por De las Casas.

• Fray Bartolomé de las Casas

Por último, he aquí la versión del dominico fray Bartolomé de las Casas, una de las máximas figuras de la historia de aquellos tiempos y encendido defensor de la obra y persona del Almirante de la mar Océana. Lejos de silenciar las noticias sobre el prenauta —que quizá pudieran eclipsar en parte el brillo de Colón—, De las Casas le dedica un generoso espacio en el capítulo XIV de su gran obra *Historia de las Indias*. He aquí el testimonio recogido por él mismo entre los primeros pobladores de La Española (actual República Dominicana):

«...Díjose que una carabela o navío que había salido de un puerto de España (no me acuerdo haber oído señalar el que fuese, aunque creo que del reino de Portugal se decía), y que iba cargada de mercaderías para Flandes, o Inglaterra, o para los tractos que por aquellos tiempos se tenían, la cual, corriendo terrible tormenta y arrebatada de la violencia e ímpetu della, vino diz que a parar a estas islas y que aquesta fue la primera que las descubrió. Que esto acaesciese así, algunos argumentos para demostrarlo hay: el uno es que a los que de aquellos tiempos somos venidos a los principios era común, como dije, tratarlo y platicarlo como por cosa cierta, lo cual creo que se derivaría de alguno o algunos que lo supiesen, o por ventura quien de la boca del mismo Almirante o en todo o en parte e por alguna palabra se lo oyese. El segundo es, que en otras cosas antiguas, de que tuvimos relación los que fuimos al primer descubrimiento de la tierra y población de la isla de Cuba (como cuando della, si Dios quisiere, hablaremos, se dirá), fue una ésta: que los indios vecinos de aquella isla tenían reciente memoria de haber llegado a esta isla Española otros hombres blancos y barbados como nosotros, antes que nosotros no muchos años; esto pudieron saber los indios vecinos de Cuba, porque como no diste más de diez y ocho leguas la una de la otra de punta a punta, cada día se comunicaban con sus barquillos y canoas, mayormente que Cuba sabemos, sin duda, que se pobló y poblaba desta Española.

»Que el dicho navío pudiese con tormenta deshecha (como la llaman los marineros y las suele hacer por estos mares) llegar a esta isla sin tardar mucho tiempo y sin faltarles las viandas y sin otra dificultad, fuera del peligro que llevaban de poderse fácilmente perder, nadie se maraville, porque un navío con grande tormenta corre cien leguas, por pocas y bajas velas que lleve, entre día y noche, y a árbol seco, como dicen los marineros, que es sin velas, con sólo el viento que cogen las jarcias y masteles y el cuerpo de la nao, acaece andar en veinte y cuatro horas treinta y cuarenta y cincuenta leguas, mayormente habiendo grandes corrientes, como las hay por estas partes; y el mismo Almirante dice que en el viaje que descubrió a la tierra firme hacia Paria anduvo con poco viento, desde hora de misa hasta completas, sesenta y cinco leguas, por las grandes corrientes que lo llevaba; así que no fue maravilla que, en diez o quince días y quizá en más, aquéllos corriesen mil leguas, mayormente si el ímpetu del viento Boreal o Norte les tomó cerca o en paraje de Bretaña o de Inglaterra o de Flandes. Tampoco es de maravillar que así arrebatasen los vientos impetuosos aquel navío y lo llevasen por fuerza tantas leguas, por lo que cuenta Herodoto en su libro IV, que como Grino, rey de la isla de Thera, una de las Cíclades y del Archipiélago, recibiese un oráculo que fuese a poblar una ciudad en África, y África entonces no era cognoscida ni sabían dónde se era, los ansianos y gentes de Levante orientales, enviando a la isla de Creta, que ahora se nombra Candía, mensajeros que buscasen algunas personas que supiesen decir dónde caía la tierra de África hallaron un hombre que había por nombre Carobio, el cual dijo que con fuerza de viento había sido arrebatado y llevado a África y a una isla por nombre Platea, que estaba junto a ella...

»Así que, habiendo aquéllos descubierto por esta vía estas tierras, si así fue, tornándose para España vinieron a parar destrozados; sacados los que, por los grandes trabajos y hambres y enfermedades, murieron en el camino, los que restaron, que fueron pocos y enfermos, diz que vinieron a la isla de la Madera, donde también fenecieron todos. El piloto del dicho navío, o por amistad que antes tuviese con Cristóbal Colón, o porque como andaba solícito y curioso sobre este negocio, quiso inquirir dél la causa y el lugar de donde venía, porque algo se le debía de traslucir por secreto que quisiesen los que venían tenerlo, mayormente viniendo todos tan maltrechos, o porque por piedad, de verlo tan necesitado el Colón recoger y abrigarlo quisiese, hobo, finalmente, de venir a ser curado y abrigado en su casa, donde al cabo diz que murió; el cual, en recognoscimiento de la amistad vieja o de aquellas buenas y caritativas obras, viendo que se quería morir, descubrió a Cristóbal Colón todo lo que les había acontecido y diole los rumbos y caminos que había llevado y traído, por la carta del marear y por las alturas, y el paraje donde esta isla dejaba o había hallado, lo cual todo traía por escripto.

»Esto es lo que se dijo y tuvo por opinión; y lo que entre nosotros, los de aquel tiempo y en aquellos días comúnmente, como ya dije, se platicaba y tenía por cierto, y lo que diz que eficazmente movió como a cosa no dudosa a Cristóbal Colón.»

A estos testimonios principales habría que sumar los de otros cronistas e historiadores posteriores. Éste sería el caso de Luciano Cordeiro, Fructuoso, Fonseca, Astrana Marín, Francesco Gonzaga, Pedro de Mariz, Juan de Mariana, Feijoo, Esteban de Garibay y Rodrigo Caro, entre otros. Todos, casi con seguridad, se inspiraron en las tres versiones iniciales. Y todos, curiosamente, coinciden en lo esencial: la existencia de un piloto anónimo y de una carabela que fue arrastrada por una tormenta hasta unas tierras desconocidas. Como aseguraba R. H. Tawney, las leyendas, en general, suelen ser tan ciertas en lo básico como falsas en los detalles...

Madeira. Todos los cronistas coinciden: el prenauta terminó su viaje en las islas de Portugal.

¿Fue Alonso Sánchez el prenauta?

Está claro. Conforme profundizo en el conocimiento sobre el llamado predescubrimiento, mi corazón se inclina hacia la creencia de que esta tradición del prenauta fue cierta en lo sustancial y quizá exagerada y poco clara en los detalles. Como he mencionado, tanto Oviedo como Gómara y De las Casas se muestran coincidentes en el suceso aunque difieren en la derrota, nacionalidad del piloto y punto de arribo de la nave.

Respecto a la identidad del prenauta, mis averiguaciones no fueron concluyentes. En realidad, lo que se sabe o menciona en las crónicas no es definitivo. Para algunos, el piloto anónimo fue portugués o castellano. Quizá vizcaíno. Hablan, incluso, de un tal Sánchez. Veamos los testimonios más sobresalientes al respecto:

• El inca Garcilaso de la Vega identifica al prenauta como Alonso Sánchez, de Huelva. Así consta en sus *Comentarios reales*, escritos en 1609: «Fueron a parar a casa del famoso Christóval Colón, genovés, porque supieron que era gran piloto y cosmógrafo y que hacía cartas de marear. El cual los recibió con mucho amor y les hizo todo regalo, por saber cosas acaescidas en tan extraño y largo naufragio, como el que decían haber padecido. Y como llegaron tan descaecidos del trabajo pasado, por mucho que Colón les regaló, no pudieron volver en sí y murieron todos en su casa, dejándole en herencia los trabajos que les causaron la muerte.» Todo esto —asegura Garcilaso— lo supo por su padre y éste, a su vez, por los compañeros de Colón.

• Vasconcellos escribe: «Su muerte [la de Alonso Sánchez] acaeció en casa de Cristóbal Colón, genovés y también piloto. Conociendo que se moría, le comunicó a éste su secreto, dándole relación por extenso de todo y dejándole en agradecimiento del hospedaje su carta de marear, en la que tenía marcada la tierra. Colón no echó en saco roto la nueva noticia de cosas tan grandes; reflexionó juiciosamente sobre los informes del finado y deseó adquirir fama y honra, haciéndose descubridor de alguna nueva parte del Mundo.»

• Henry Vignaud, por su parte, asegura: «Los sobrevivientes en número de tres, cuatro o cinco, entre los cuales se encontraba el piloto Sánchez, llegaron por fin a Madera, donde les dio asilo Colón, que habitaba en la isla. Agotados por las privaciones y las fatigas sufridas durante su penosa expedición, a la que se le asigna una duración de cuatro o cinco meses, y aún más, no tardaron en

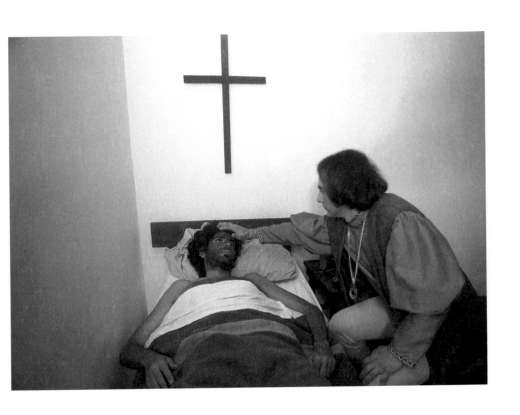

Antes de morir, Colón escribió
cuanto le había dicho el piloto
anónimo. ¿Dónde se encuentran
esos escritos y anotaciones? ¿Fueron
destruidos por el Almirante?

morir también. Pero su secreto no pereció con ellos. El piloto, que expiró en la misma casa de Colón, de quien se dice que era amigo, conmovido por los solícitos auxilios y cuidados que recibió y reconocido a las atenciones, le cedió todas las indicaciones que él había recogido sobre la situación de la isla casualmente descubierta y sobre el rumbo que había que tomar para ir a ella, indicaciones que fueron cuidadosamente consignadas por escrito.»

• En 1630, Pizarro y Orellana escribe en su obra *Varones ilustres de Indias*: «Y fueron a parar en casa de Christóval Colón, genovés, porque supieron cuán gran marinero y cosmógrafo era. El buen Alonso dio cuenta a Colón de todo lo que había ocurrido a la ida y a la vuelta, y pormenores de la Isla que había descubierto, entregándole los documentos que en el viaje había redactado. Por esto y por lo que la ciencia que tenía alcanzaba, tuvo por sin duda que había otro Nuevo Mundo. Con lo cual, después de muerto Alonso Sánchez, que dio principio a tan grandes cosas, trató de ponerla en ejecución.»

• «Con motivo de esta tempestad —afirma Madre de Deus—, el piloto Sánchez, andaluz, según dicen algunos, o portugués, como quieren otros, tuvo la ventura de noticiar al Mundo antiguo la existencia del Nuevo. Informado por él, Cristóbal Colón (otro piloto genovés, domiciliado en la isla de Madeira, en cuya casa aquél se hospedara y muriera después de llegar allí enfermo y vencido), guiándose también por una carta náutica en la que el difunto había marcado la tierra incógnita, se transformó en héroe célebre con el Descubrimiento de América.»

• Fray Joseph Torrubia insiste también en el nombre de Alonso Sánchez: «...Colón genovés, no ilustrado con divina revelación como quisieron algunos, recurriendo sin necesidad a providencia extraordinaria, sino instruido con las noticias ciertas que le dio un piloto de que había tierra a la otra parte del Océano, intentó su descubrimiento. El desgraciado Alonso Sánchez quedó en la región del olvido en una común sepultura de la isla de Madera, de que no hay memoria, después de habernos dado un Mundo entero. Yo admito y no puedo olvidar en su invención (aunque casual) una notable especie de heroicidad que se refunde en sus fieles observaciones.»

La vía de occidente A juzgar por este cúmulo de informaciones, lo que parece nítido es que, a partir de esos años [1478 o 1479], Colón se transforma. Y se convierte en un obstinado defensor de la llamada «vía de Occidente», el nuevo y desconocido

*A partir de 1478 o 1479, el futuro
Almirante se convierte en
un obstinado defensor de la llamada
«vía de Occidente». ¿Casualidad?*

*Colón defendía una
«absurda hipótesis»:
navegar hacia el este,
por el oeste.*

‹

camino hacia las Indias. Un camino hacia el este, por el oeste. Una obstinación que mantuvo siempre, contra todo y contra todos. Una tozudez, en definitiva, enraizada en la apropiación de algo que no era suyo...

Detalles de la secreta información ¿Y cuál fue esa secreta información? ¿Qué datos concretos pudo facilitarle el piloto anónimo? En opinión de los expertos, Colón recibió los siguientes, precisos y preciosos informes:

• Las leguas casi exactas (750) que separan Canarias de aquella otra isla a la que fue a parar la carabela y en la que el prenauta encontró oro.

• La existencia de un peligroso archipiélago, ubicado poco antes de la referida isla del oro. Un laberinto de arrecifes que Colón bautizó después del «descubrimiento» como la «entrada a las Indias».

• En ese mismo archipiélago, otras dos islas muy particulares: una habitada por amazonas y la otra por feroces caníbales.

• Vientos y corrientes. Por un lado, los alisios que empujaron la carabela del prenauta desde la región del golfo de Guinea y, por otro, información específica sobre la importante corriente ecuatorial del norte.

• Y el piloto anónimo le habló también de los puntos exactos en los que halló sendas y ricas minas de oro. Ambas en la gran isla que situó a 750 leguas al oeste de las Canarias. El primer yacimiento al norte, en una región que los naturales llamaban Cibao. Un valle situado entre montañas, a cosa de veinte leguas de la costa. Lo reconocería fácilmente porque, en esas playas, se alza un promontorio muy peculiar.

• Allí, en Cibao, el piloto anónimo y su gente dejaron enterradas algunas balas de piedra.

• Y otra precisa e importante información: en ese valle vivía un rey al que llamaban Caona-boa, que significa «Señor de la Casa de Oro».

• La segunda e importante mina de oro se encontraba al sur de la isla. La distinguiría por unos profundos pozos que, en opinión del prenauta, no fueron excavados por los indios.

• Y Colón recibe una puntual información sobre las gentes que habitaban esas lejanas tierras. No son ni negros ni blancos, sino del color de los canarios. Van desnudos y navegan entre islas en canoas en las que caben hasta ochenta remeros.

• Y algo más al sur de la gran isla del oro, a cosa de cincuenta o setenta leguas, Colón

podrá hallar otras tierras exuberantes, con gente vestida. Reconocerá el lugar por un bellísimo golfo en el que desembocan varios ríos. Y otro detalle clave: el encuentro de esos ríos con la mar provoca un fortísimo ruido.

• Más hacia el oeste –le sigue informando el prenauta– se alza otra isla igualmente rica en oro y que los naturales llaman «Saba».

• Por último, el piloto anónimo facilita a Colón una información vital: el rumbo para el viaje de regreso. No debe retornar por donde ha llegado. Lo importante es navegar primero hacia el norte, evitando así los vientos alisios. Y marca la derrota que lo llevará hasta las Azores, Madeira o las costas portuguesas: NE. 1/4 E.

En aquellas islas vivía un rey
llamado el Señor de la Casa
de Oro. (Isla de Madeira.)

De fracaso
en fracaso

3

La locura
del Almirante

Es a partir de ese providencial encuentro con el prenauta cuando Cristóbal Colón pone manos a la obra. E inicia un largo peregrinaje, a la búsqueda de patrocinador. Pero antes, sabia y prudentemente, el genovés se documenta. Necesita toda clase de confirmaciones. El piloto anónimo, obviamente, no ha sabido decir el nombre de esas nuevas tierras situadas al oeste. Y el futuro Almirante lee, emprendiendo una febril búsqueda. Consulta los textos clásicos y también los de sus contemporáneos. Es la etapa clave en su formación como autodidacta.

Y el Destino, implacable, le salió de nuevo al encuentro...

Tras recibir el secreto del prenauta, Colón inicia una febril búsqueda en los libros.

En los márgenes de los libros,
Colón escribe toda clase de
pensamientos.

Fue en esos libros donde halló la ansiada respuesta. Mejor dicho, lo que él entendió como la gran respuesta.

Y fueron tres —en opinión de los más prestigiosos americanistas— las informaciones que lo marcaron definitivamente. La primera, el *Imago Mundi*, del cardenal francés Pierre d'Ailly, impresa en Lovaina (oficina de Juan de Westphalia) entre 1480 y 1483. Colón quedó maravillado. Y en los márgenes del libro deja un total de 898 anotaciones e infinidad de dibujos, entre los que sobresale un puño con el dedo índice marcando muy determinados párrafos y curiosidades. En especial, el oro y las riquezas apuntados por el cardenal. Colón, suponemos, lee perplejo las reflexiones de Pierre d'Ailly sobre la navegabilidad de los océanos, la existencia de las Antípodas, la posibilidad de habitar cualquier clima y, sobre todo, el convencimiento del cardenal de la existencia de una «vía» entre Europa y Asia por el mar Tenebroso (Atlántico). Eso, en parte, es lo anunciado en secreto por el piloto anónimo...

Después llega la *Historia rerum ubique gestarum locorumque descriptio*, de Eneas Silvio Piccolomini, que llegó a ser papa (Pío II), y que fue impresa en Venecia en 1477. Es decir, en las mismas fechas en las que arribó el prenauta a las islas portuguesas donde estaba Colón. ¿Casualidad?

En los márgenes de la *Historia rerum*, Colón lleva a cabo 861 anotaciones. No puede dar crédito a lo que está leyendo. Allí están ratificadas las preciosas informaciones proporcionadas por el prenauta. El que sería papa habla de amazonas, de grandes y caudalosos ríos, de una ruta inexplorada por el Atlántico y de la llegada de mercaderes «indios» a tierras alemanas en el siglo XII. Colón, probablemente, queda fas-

No podemos engañarnos.
El gran objetivo del Almirante
fue siempre el oro.

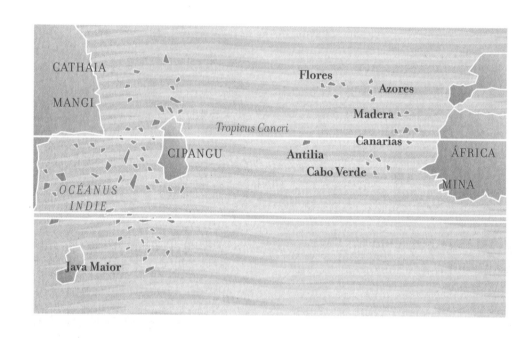

CATHAIA

MANGI

Tropicus Cancri

CIPANGU

OCÉANUS INDIE

Java Maior

Flores

Azores

Madera

Canarias

Antilia

Cabo Verde

ÁFRICA

MINA

Reconstrucción del probable mapa
de Toscanelli. El original se perdió.

*Toscanelli se adelantó a Colón,
pero el proyecto del sabio florentino
fue rechazado por el rey
de Portugal. (Lisboa.)*

cinado por el sentido crítico de la obra de Eneas Silvio, que se opone a todo y a todos...

Y sigue con su febril búsqueda, profundizando también en la Biblia, en el *Libro de los Reyes*, el *Paralipómenos*, el falso *Esdras*, la *Glosa ordinaria* de Nicolás de Lira, Aristóteles, Estrabón, Beda, Isidoro, Ptolomeo, Marco Polo y un largo etcétera.

El «milagro» de Toscanelli Fueron tiempos difíciles para Colón. Todo apuntaba en la dirección marcada por el piloto anónimo, pero necesitaba la prueba definitiva. Y el Destino, naturalmente, se la proporcionó.

No se sabe con certeza cuándo llegaron a manos de Colón. Juan Manzano y Manzano asegura que tuvo que ser entre 1478 o 1479 y 1484. Y es muy probable que así fuera. Colón, en esos años, terminó por hacerse con las copias de un mapa y de unos documentos. Y quedó nuevamente perplejo: era lo que buscaba.

El mapa en cuestión, y los documentos, eran obra del célebre físico, matemático y astrónomo Paolo Pozzo Toscanelli. Unos documentos, como veremos, que tampoco coinciden con la historia «oficial» del descubrimiento de América...

En 1474 —dos años antes de la llegada de Colón a Portugal—, el canónigo lisboeta

Fernao Martins recibe una carta de su amigo, el florentino Toscanelli. Años atrás, durante su estancia en Italia, Martins conoce y conversa con Toscanelli. Y hablan de las exploraciones de los portugueses a lo largo de las costas africanas. Los lusitanos llevaban tiempo intentando alcanzar las regiones orientales de las Indias, donde —según decían— se hallaban las famosas islas de la Especiería. Y Martins recibe una desconcertante noticia de labios de Toscanelli: a las Indias podía llegarse por un rumbo más corto y distinto del que pretendía Portugal. Un rumbo nuevo: bastaba con cruzar el mar Tenebroso, siempre hacia el oeste.

Martins, impresionado, expuso las revolucionarias ideas de Toscanelli al rey portugués y, sin demora, Alfonso V solicitó más detalles. Toscanelli le respondió con una carta fechada en Florencia el 25 de junio del citado año de 1474. En ella le dice que las nuevas informaciones fueron extraídas de la obra de Marco Polo y de las relaciones orales facilitadas por un viajero italiano (Nicòlo de Conti), fallecido en 1469. Para mejor comprensión, el sabio florentino acompaña sus informaciones y sus comentarios con un mapa o carta de navegación (hoy desaparecido) en el que fueron dibujadas las costas de Europa y África, así como las islas y tierra firme existentes al otro lado del mar Tenebroso, marcando las distancias y el mejor rumbo, incluyendo longitud y latitud. Y añadía: «... navegando derecho, por poniente, está pintado el comienzo de las Indias. Unos reinos opulentos llamados Cathay y Mangi, señoreados por un poderosísimo monarca llamado Gran Khan... Y al este de Cathay, la nobilísima isla de Cipango, la cual es fertilísima de oro, de perlas y piedras preciosas... Sabed —advierte Toscanelli— que, en Cipango, las casas reales son de oro puro...»

¿Cómo se las ingenió Colón para obtener estos documentos y, sobre todo, la carta de navegación de Toscanelli? Emiliano Jos proporciona una pista clave: la suegra de Colón pertenecía a la noble familia Martins. No hace falta mucha imaginación para suponer que la noticia sobre los papeles de Toscanelli terminó llegando a oídos del genovés o, incluso, pudieron aparecer entre los escritos de Perestrello, entregados a Colón por su suegra hacia 1477 o 1478. La cuestión es que, por una u otra vía, los documentos de Toscanelli terminaron en manos de Cristóbal Colón...

Y no es difícil imaginar la sorpresa y alegría del futuro Almirante al repasar dichos

documentos. Allí estaba la confirmación final, la prueba irrefutable a lo entregado por el piloto anónimo: las Indias, al otro lado del mar Tenebroso. Un rumbo siempre a poniente, como le había anunciado el prenauta. Una isla rica en oro. Una isla con casas de oro puro. Y su memoria puso en pie el nombre pronunciado por el secreto confidente: Caona-boa, el Señor de la Casa de Oro. Cipango y Cibao. ¿No eran términos muy similares?

Y el gran proyecto descubridor fue tomando forma. Las ideas de Toscanelli y las pistas halladas en las restantes lecturas hicieron el «milagro», redondeando lo que ya sabía por el prenauta. Sólo había que navegar hacia el oeste. Siempre hacia el oeste...

Colón, en definitiva, fue víctima del mismo error que Toscanelli: confundió la isla de La Española con Cipango (actual Japón) y América con Asia. Y esta idea le acompañaría hasta la muerte...

Los errores de Colón

• No es cierto que los contemporáneos de Colón creyeran que la Tierra era plana. Los científicos lo sabían de antiguo. Uno de los ejemplos más preclaros es la *Geografía* de Ptolomeo, un compendio alejandrino del siglo II. Pero Colón cometió el error de despreciar la circunferencia de la Tierra proporcionada por Ptolomeo (un ocho por ciento superior de lo que estimaba el genovés). Tampoco admitió las cifras señaladas por Estrabón y el también griego Eratóstenes (27000 y 39690 kilómetros para la circunferencia total del planeta, respectivamente). Para Colón, el mundo era mucho más pequeño...

• Colón se equivoca también en la evaluación del grado. Dice que equivale a 56 millas y 2/3 (83,36 kilómetros). (La medida real es de 110,5 km.) Toma la medición del cosmógrafo árabe Alfragano (aparece reflejada indirectamente en el *Imago Mundi*), sin darse cuenta de que las millas del árabe eran más largas que las itálicas, utilizadas por Colón. Estos cálculos llevan al Almirante a una medición errónea en la mencionada circunferencia de la Tierra. Colón la estima en 5100 leguas (30000 km): diez mil menos de lo real (40007 km). Es la única forma de «ajustar» lo que sabe por el prenauta (700-750 leguas entre Canarias y la isla del oro: el Cipango de Toscanelli) con los datos de los eruditos clásicos y contemporáneos.

• La proporción entre tierras y aguas: otro gran error del genovés. En el citado *Imago Mundi*, el cardenal D'Ailly se hace eco del supuesto profeta Esdras, y asegura que la costra sólida del mundo ocupaba seis partes contra una de agua. Colón toma al pie de la letra la versión de Esdras y muere con ese convencimiento. Para Colón, por tanto, el mar que se interpone entre Europa-África y Asia (las Indias) tenía una longitud de 728 leguas. En otras palabras: lo que le había anunciado el prenauta (entre 700 y 750 leguas).

• La isla del oro descrita por el prenauta es identificada por Colón como el Cipango de Toscanelli. Y a cosa de 375 leguas al oeste de Cipango, el Almirante señala la «tierra firme» (las Indias o el Cathay). Colón murió creyendo que Cuba era parte de Asia.

• Para Colón, las míticas minas del rey Salomón no podían ser otras que las descubiertas por el piloto anónimo al sur de la gran isla del oro (La Española o actual República Dominicana: Cipango para el Almirante). El monte y los extraños pozos se hallaban —decía Colón— en la región de Ofir y Sophora, que mencionan la Biblia y el *Imago Mundi*.

• Dominado por la fiebre descubridora y por aquellas lecturas —adelantándose al *Quijote*—, el genovés confunde Jamaica con el reino de Saba. Y cree que uno de los Reyes Magos partió, justamente, de esta isla.

• Cristóbal Colón, según lo narrado por el prenauta, considera que el golfo de Paria (actuales costas de Venezuela) era el mítico Paraíso Terrenal.

Colón, minucioso, comprobó las informaciones del desconocido piloto fallecido en su casa.

Últimas comprobaciones Como es sabido, el proyecto de Toscanelli no fue aceptado por Portugal. De haber prosperado, Colón, muy probablemente, no habría pasado a la historia y hoy, en América, se hablaría portugués. Pero el Destino tenía otros planes...

Colón, eufórico, repasa su proyecto una y otra vez. Todo coincide. El gran sueño, más próximo a la locura que a la realidad, está casi a punto. Sólo faltan las últimas comprobaciones. Y los primeros movimientos lo llevan hasta la región de Guinea.

Pudo ser en 1482 o 1483. Quizá con la excusa de un viaje de negocios, Colón se embarca y recorre las aguas del golfo africano. Visita el castillo de San Jorge de la Mina, construido por Juan II de Portugal, pero su auténtico objetivo es otro: Colón, siempre minucioso, trata de confirmar las informaciones del prenauta. Intenta comprobar, in situ, la dirección de los vientos alisios y de las corrientes dominantes.

El piloto anónimo estaba en lo cierto. Vientos y corrientes empujan a los navíos hacia poniente. La tormenta, en efecto, pudo arrastrar a la carabela hacia el oeste...

Portugal Es el momento: 1484. Hace cinco o seis años que el genovés ha hecho suyo el secreto que le reveló el desdichado piloto anónimo. Y Cristóbal Colón ofrece su sueño al rey portugués. Y lo hace así porque, sencillamente, era lo que tenía más a mano y porque, además, Portugal se hallaba a la cabeza de los grandes descubrimientos geográficos. En principio, de haber sido aceptada su propuesta, Colón habría partido de las islas de Cabo Verde, en el referido golfo de Guinea. Era lo lógico.

Pero Juan II no acepta el proyecto colombino. El historiador Juan de Barros describe el lance con precisión: «... el monarca luso, tras conocer su demanda, le creyó poco, y menos aún tomaron en consideración sus planes descubridores los técnicos portugueses, pues todos ellos consideraron las palabras de Colón como vanas, fundadas simplemente en la imaginación o en cosas como esa isla, la Cipango de Marco Polo.»

Juan II de Portugal, en suma, rechaza el plan porque era una copia del de Toscanelli. Probablemente, además, porque las pretensiones económicas del genovés eran disparatadas...

Y Colón desaparece, tragándose la rabia. Lo que no sabe en esos momentos es que

*Colón, sin duda, supo de la traición
de Juan II al enviar una carabela,
en secreto, a las islas de Cabo Verde.*

el rey, a sus espaldas, aconsejado por Ortiz de Calzadilla, obispo de Ceuta, de quien mucho se fiaba, resolvió mandar en secreto una carabela allí donde decía Colón: las islas de Cabo Verde. Así lo cuenta Hernando, hijo de Cristóbal Colón: «... porque, descubriéndose de tal modo dichas tierras, le parecía al rey que no estaba obligado a dar los grandes premios que el Almirante le pedía por su descubrimiento.»

La carabela, sin embargo, no halló lo que dijo Colón. ¿Qué sucedió con esta tripulación desconocida? No lo sabemos. Las intenciones de Juan II, como digo, eran llegar a Cabo Verde y, desde allí, navegar hacia poniente, según los planes expuestos por Colón. Pero algo falló. Y el sueño colombino fue olvidado por los portugueses. Años después, en 1493, al retornar el Almirante de su primer viaje, el mismo monarca, Juan II, enviaría otra carabela hacia el oeste, descubriendo las costas de Brasil.

Y el Destino siguió tejiendo y destejiendo...

Castilla Colón, al parecer, terminó enterándose de la turbia maniobra de Juan II. Y el Destino, implacable, lo acorraló. A esta decepción se sumó la pésima marcha de los negocios y la muerte de Felipa, su mujer. Algunos —sin demasiado fundamento— han

La Rábida, otra oportuna
«casualidad» en el camino
del futuro Almirante.

llegado a pensar que Colón asesinó a su esposa, borrando así al único testigo que asistió al trasvase de información por parte del prenauta. Y el genovés se vio forzado a tomar la decisión de abandonar Portugal. Corría la primavera de 1485.

A pesar de los pesares, el gran proyecto descubridor sigue en pie. Colón tiene la información. El éxito es cuestión de tiempo...

Y decide probar fortuna en la corte de Castilla. Pero antes, apremiado por la escasa bolsa, viaja a Huelva, encomendando a su joven hijo Diego de siete años a los cuidados de su cuñada, Violante Moniz, casada con Miguel Muliart. Y el Destino, atento, le obliga a pasar por el monasterio franciscano de La Rábida. Allí conoce a fray Antonio de Marchena. El monje se entusiasma con la idea del genovés. Marchena sería una bocanada de aire puro en el decaído ánimo del futuro Almirante. El fraile, en definitiva, le facilita el camino hacia Isabel y Fernando, los Reyes Católicos. Y Colón, nuevamente eufórico, trata de vender su gran sueño.

Segunda decepción. Colón parece ir de fracaso en fracaso. Nadie le cree. La llamada Junta de Salamanca, formada por expertos, rechaza el proyecto. El testimo-

Colón en la llamada Junta de Salamanca: segundo gran fracaso.

nio de Rodrigo Maldonado de Talavera, profesor de Derecho de la Universidad de Salamanca y miembro de esta junta de sabios, resume el sentir general: «... este testigo, con el Prior de Prado e con otros sabios y letrados e marineros platycaron con el dicho Almirante sobre su hida a las dichas yslas e todos ellos concordovan que hera ynposible ser verdad lo que el dicho Almirante desya.»

Era el año 1487. Hacía unos diez años que Colón había visto morir al prenauta...

Pero el genovés no se rinde. Su tozudez es asombrosa. Al año siguiente viaja a Portugal. Los expertos no se ponen de acuerdo. ¿Se entrevistó de nuevo con el rey Juan II? ¿Le ofreció su gran sueño descubridor por segunda vez?

Sea como fuere, las cosas no marchan. Colón se desespera. Y en 1489 envía a su hermano Bartolomé a Francia e Inglaterra. Sus propósitos vuelven a fracasar. Nadie le cree. El Cipango es una quimera.

Y Colón, forzado por las circunstancias, se ve en la necesidad de revelar parte de su secreto. ¿Lo hizo con fray Antonio de Marchena? La segunda entrevista, en 1491, es muy sospechosa. ¿Lo hizo bajo secreto de confesión? Personalmente, así lo creo.

Colón, probablemente, dadas las circunstancias, se vio en la necesidad de compartir parte de su secreto con los franciscanos.

Documentos desconcertantes Y en abril de 1492, finalmente, Colón triunfa. Terminada la conquista de Granada, los Reyes Católicos firman las llamadas «Capitulaciones de Santa Fe». Un documento insólito. Una aprobación del proyecto colombino con un encabezamiento muy elocuente: «Las cosas suplicadas e que Vuestras Altezas dan e otorgan a don Cristóbal de Colón en alguna satisfacción de lo que ha descubierto en las mares océanas...»

¿De lo que HA DESCUBIERTO? ¿Por qué los monarcas castellanos aceptan esta contundente afirmación si las carabelas no habían partido? Estábamos en abril de 1492...

La increíble concesión, firmada el 17 de abril, sólo puede explicarse por lo ya mencionado: Colón tuvo que confesar parte de lo transmitido por el piloto anónimo. Pero hay más. En esos documentos previos al gran viaje descubridor, los Reyes Católicos, al entrar en detalles, cometen tres indiscreciones que confirman cuanto sostengo. Veamos:

Primera: Conceden a Colón los títulos de virrey y almirante. Y le otorgan un décimo de cuanto se consiga en esas tierras incógnitas. Es decir, muy por encima de lo acostumbrado en el almirantazgo (la contribución total del «sector público» ascendió a 1 140 000 maravedís. El salario de Colón fue de 140 000. Esta suma, al parecer, fue adelantada por Santángel y Pinelli. La reina, por tanto, jamás empeñó sus joyas). En buena ley, además, todo esto debería haber llegado después del descubrimiento.

Segunda: Al proceder a la requisa de las necesarias naves, los monarcas ordenan lo siguiente: «... para ir a ciertas partes de la mar Océana, donde nos le mandamos yr.»

Evidentemente, los Reyes Católicos tenían una información previa y privilegiada.

Tercera: Al designar al «delincuente» de Palos, Diego Rodríguez Prieto, como el hombre que debería facilitar los barcos, la ordenanza real fija su sueldo en cuatro meses. Y me pregunto: ¿cómo sabían los Reyes Católicos la duración del viaje en aquel mes de abril de 1492? ¿Cómo es posible que sólo se equivocaran en dos semanas?

Tan convencidos estaban de que Colón ya había estado en esa parte de las Indias o que su secreta información era más que correcta que, incluso, redactaron una carta de presentación para el Gran Kan. Una carta que el astuto genovés llevó en su primer viaje. (En contra de lo que se cree ha-

*Encabezamiento del documento
llamado «Capitulaciones de
Santa Fe», con la insólita frase:
«de lo que ha descubierto».*

bitualmente, la obra de Marco Polo influyó muy tardíamente en Colón. Sus ideas sobre Cipango, Cathay, el Gran Kan, etc., procedían, especialmente, de las noticias de Toscanelli. El gran americanista Emiliano Jos pudo demostrar que Colón supo de los hallazgos de Marco Polo gracias a la carta del sabio florentino al canónigo lisboeta Martins. En suma: Colón pudo leer el libro de Marco Polo en 1492, en Santa Fe, aunque el ejemplar que manejó estaba impreso en 1485.)

*Granada. Colón a los pies
de la reina Isabel.*

Las cartas marcadas del Almirante

4

El error en el primer viaje

¿Por qué Colón modificó las velas de la Pinta?

Colón triunfa, en efecto. Pero las sorpresas no han terminado. El Destino sigue ahí, a su lado...

Y llegó el gran viaje. Y con éste, y las siguientes singladuras, el Almirante terminaría descubriendo sus cartas. Unas cartas marcadas...

Veamos algunos de los hechos registrados en aquel histórico viaje y que muy pocos conocen:

Fiel a lo consignado por el prenauta, Colón, en lugar de navegar directamente hacia el oeste (así figuraba en las noticias y en la carta de marear de Toscanelli) siguiendo los paralelos de España, alarga la ruta y pone proa al sur. ¿Por qué? Colón

La seguridad de Colón al hablar de los arrecifes situados entre Canarias y las Indias dejó perplejos a los capitanes.

Todo estaba previsto (o casi todo), incluida la escala en las islas Canarias.

lo sabe muy bien. Es allí donde encontrará los vientos y las corrientes propicios. Desciende hasta las Canarias, y se sitúa entre los paralelos 27 y 28. Modifica las velas de la *Pinta* y cambia el aparejo latino (cuadrado) por el redondo, más útil para beneficiarse de los vientos de popa. Ésos fueron los consejos del piloto anónimo. Y así fue: el jueves, 6 de setiembre de 1492, un viento del este empujó a los barcos hacia lo desconocido. Lo último que vieron fue San Sebastián de la Gomera y la isla de Hierro, a babor.

El error del prenauta Colón, siguiendo al pie de la letra las informaciones del piloto anónimo, reúne a los capitanes de las tres carabelas y, poco antes de partir de las Canarias, les hace una advertencia: a cosa de setecientas leguas de Hierro deberán tener especial cuidado con un rosario de arrecifes y roqueos. Los Pinzones se miran desconcertados. ¿De dónde ha sacado el Almirante una información tan útil y puntual? ¿Cómo podía hablar con semejante seguridad si jamás había navegado por esos mares?

Colón, sin embargo, desconfía. La seguridad en el secreto del prenauta es total, sí, pero... Y el 10 de setiembre —a los cuatro días de la partida de Canarias— empieza a

falsificar el diario de a bordo. Colón lleva una doble contabilidad con respecto a las leguas navegadas por su barco, la *Santa María*. Una cosa es lo que escribe y otra lo que comunica a sus hombres...

He aquí otro rasgo característico en la compleja personalidad del genovés: mentir le fascina. Pero, al desconfiar, no le falta razón: el piloto anónimo cometió un grave error. El informador de Colón se equivocó al situar la gran isla del oro. El Almirante, al seguir el paralelo 27, dejó esa isla (Cipango) mucho más al sur. Por eso, en este primer viaje, no encuentra el peligroso laberinto de arrecife, ni tampoco las islas de las amazonas y de los caníbales. Lo que Colón llamaba la «entrada a las Indias».

Segunda revelación del secreto Y las cosas siguen complicándose para Colón. Al atardecer del martes, 9 de octubre, la marinería está harta. Su paciencia se ha terminado. Quieren regresar y tienen razón. El Almirante había prometido encontrar la tierra de Cipango a 750 leguas de las Canarias. Pues bien, las cuentas de los pilotos de la *Pinta* y la *Niña* no dicen eso: las citadas carabelas han navegado 844 y 860 leguas, respectivamente. Colón guarda silencio. En la contabilidad «verdadera» de su diario aparece otra cifra: mil leguas... ¿Qué ha ocurrido? ¿Por qué no han encontrado la gran isla del oro?

La situación es tan violenta que Colón se ve obligado a reunir a los capitanes. El motín puede significar la ruina para su proyecto descubridor. Quedan las provisiones justas para el viaje de regreso. Es preciso dar la vuelta y ¡ahora! El Almirante trata de ganarse de nuevo a Martín Alonso Pinzón, sin duda el marino más prestigioso de aquella expedición. Pero el de Palos se siente engañado. Tres días antes, los vizcaínos ya intentaron rebelarse...

Colón está a punto de perderlo todo. Martín Alonso no cede: quiere volver a España. Y se produce otro hecho de vital importancia: Cristóbal Colón no tiene más remedio que hacer un aparte con el paleño, y hacerle partícipe de su gran secreto. Y Colón, en mi opinión, le muestra «algo» que termina de convencerlo. ¿Una pieza de oro entregada por el prenauta? ¿Oro hallado en la gran isla? No sería de extrañar, dado que el piloto anónimo permaneció en el Caribe durante casi dos años. Y Colón, muy probablemente, le habla de la ubicación de una de las minas de oro del supuesto Cipango. Por eso, semanas después, el 21 de noviembre, Alonso Pinzón —sin justificación aparente— deserta y de-

El segundo motín es
decisivo. Colón se ve
obligado a revelar su
secreto nuevamente.
Esta vez a Martín
Alonso Pinzón.

saparece con la Pinta, abandonando al Almirante. Pinzón sabía de la existencia de esa mina de oro y decide llenarse los bolsillos. Colón nunca se lo perdonó...

Pero el Almirante, una vez más, consigue su propósito: la marinería le concede tres días de plazo para hallar tierra. De no ser así regresarán. Ha sido la segunda revelación de su gran secreto.

El día más amargo Y el 12 de octubre descubren una pequeña isla del grupo de las Lucayas, llamada Guanahaní por los nativos. Colón respira y la bautiza como San Salvador.

La historia, sin embargo, ha vuelto a engañarnos. Aquél no fue un día de gloria para Colón y su gente. Aquello era una pequeña isla perdida en el océano. Aquello no era la tierra firme (las Indias) que buscaba el Almirante con tanto afán. ¿Dónde estaba el error? ¿Por qué no habían desembarcado en Cipango? Como ya he mencionado, el error, en realidad, no fue de Colón, sino del prenauta. Y el Almirante, perplejo, tuvo que tragarse la rabia. Fue, sin duda, un día muy amargo...

Y el genovés siguió de isla en isla, buscando «su» Cipango, «su» gran sueño...

Es en esas angustiosas jornadas cuando se destapa el verdadero objetivo de Colón:

Colón nunca perdonó la traición de Alonso Pinzón.

Primer viaje de Colón. Un error en los cálculos del piloto anónimo llevó a las carabelas mucho más al norte.

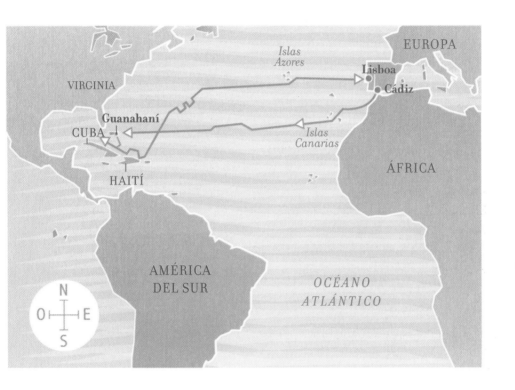

¿Hombres y mujeres blancos
en América antes de Colón?
¿Cómo era posible?
(Isla de la Juventud, Cuba.)

el oro. Es lo único que le preocupa realmente. Embarca a los indios en las naves y, como puede, les hace ver que busca una tierra (Cipango) rica en oro. El 28 de octubre alcanza la costa norte de Cuba y cree que ha pisado Cipango. Pronto comprueba que no es así. Los datos facilitados por el prenauta no coinciden. Y, obsesionado, navega hacia el este...

Hombres blancos Y el 12 de diciembre, costeando al norte de la actual Haití, tiene lugar otro suceso que llena de admiración a la marinería de la *Niña* y de la *Santa María*. Otro hecho que, naturalmente, no sorprende al astuto Colón. Al desembarcar en una ensenada que el Almirante denominó De la Concepción, varios de los exploradores acertaron a establecer contacto con un nutrido grupo de indios. Pues bien, entre ellos descubrieron varios hombres y mujeres blancos. «Hombres y mujeres jóvenes —dicen— tan blancos como los de España...»

¿Cómo era posible? ¿Hombres y mujeres blancos entre los caribeños?

Días después, en un paraje próximo que Colón bautiza como valle del Paraíso, los expedicionarios vuelven a encontrar otro poblado. Y en él, de nuevo, hombres y mujeres «harto blancos, que si vestidos anduvieren serían cuasi tan blancos como en España».

La misteriosa presencia de gente blanca se repetiría en el segundo y tercer viaje de Colón. En el sur de Cuba, por ejemplo, un ballestero que se adentró en tierra con ánimo de cazar se vio sorprendido por un grupo de indios entre los que destacaban tres individuos blancos, vestidos con sendas túnicas blancas. El ballestero se encontró tan súbitamente con dichos hombres con túnicas que, por un momento, pensó que se trataba de frailes de la Trinidad. Según cuentan Bernáldez, Hernando, Anglería y Bartolomé de las Casas, nadie consiguió explicar satisfactoriamente la presencia de aquellos hombres blancos entre los naturales. Y el ballestero huyó aterrorizado sin atender las llamadas del hombre de la túnica cumplida que, al parecer, le reclamaba a voces.

En esa misma isla de Cuba, el citado De las Casas recoge una insólita leyenda taína: los naturales decían tener reciente memoria de la llegada a la isla de La Española (el Cipango de Colón) de unos hombres blancos y barbados, iguales a los españoles, pero desembarcados antes que los hombres del Almirante. No mucho antes...

Colón sabía que los hombres de la carabela se habían mezclado con las indias. Por eso no se sorprendió al contemplar blancos en el Caribe. (La Habana.)

También en el tercer viaje colombino (1498), Colón y su gente descubren otros hombres y mujeres blancos entre los nativos del golfo de Paria, en lo que después sería Venezuela. «Gentes amabilísimas —escriben los cronista— que nos recibieron como si nos conocieran de antiguo.»

Los conquistadores españoles quedaron asombrados, sí, pero no el Almirante. Él sabía por el piloto anónimo que la tripulación de aquella carabela había permanecido uno o dos años con los indios de la región. Y sabía igualmente que los predescubridores se mezclaron con las indias. Ésta, sencillamente, era la explicación a la insólita presencia de hombres y mujeres blancos. Una presencia confirmada por los indios taínos de Cuba cuando se referían a «hombres blancos y barbados».

Monte Christi ¿Por qué esa obsesión por navegar hacia el este? Me costó entenderlo. Colón descubre Guanahaní (San Salvador) y en lugar de proseguir hacia poniente, por el rumbo que, supuestamente, debería haberle llevado a la tierra firme (las Indias), cambia primero hacia el sur (Cuba) y, finalmente, se decide por el este. La clave, como dije, estaba en el oro y en la silueta de un monte. Ésas eran las informaciones facilitadas por el piloto anó-

Monte Christi,
un cerro con un perfil
muy peculiar. Ésta
fue otra de las claves
del piloto anónimo.

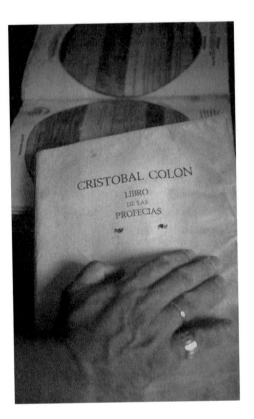

Colón no fue un profeta, aunque así se lo pareció a su gente.

nimo antes de morir. Colón busca la isla del oro (Cipango) como objetivo prioritario. No puede regresar a España sin las inmensas riquezas que ha prometido a los Reyes Católicos y a cuantos han costeado el viaje. Y al mencionar la palabra «Cipango», los indios asienten y señalan al este. Y exclaman en su idioma: «Cibao.» El Almirante asocia «Cibao» con «Cipango» y por eso navega hacia el oriente. Y el 4 de enero de 1493, al fin, aparece ante él la señal que identifica a la isla del oro: un monte con figura de alfaneque o pabellón de campaña (forma cónica) que visto de lejos «parece una isla». Es una de las claves del prenauta: Monte Christi, una pequeña montaña asomada al mar y con un perfil muy particular e inconfundible. No hay duda: Monte Christi está marcando la isla del oro, su añorado Cipango...

Y prueba de lo que digo son las propias palabras de Colón. En esa oportunidad —sin llegar a desembarcar— anuncia a sus hombres que allí, a escasas veinte leguas de la costa, se encuentran las ricas minas de oro...

Poco después (marzo de 1494), durante el segundo viaje colombino, el Almirante desciende a tierra frente a Monte Christi y se adentra en «su» Cipango. La región

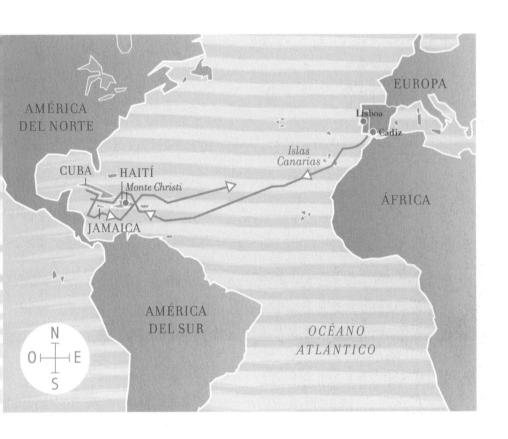

Durante el segundo viaje, Colón desciende a tierra frente a Monte Christi.

El Almirante se adentra en el Cibao
(actual República Dominicana)
y descubre las minas de oro de
las que le habló el prenauta.

Al construir un fortín,
los españoles
descubren balas de
lombarda.

Balas de piedra: una de las claves de la información del prenauta.

es el valle del Cibao. Y a dieciocho leguas, ante el asombro de la marinería, descubre las minas de oro de las que le había hablado el prenauta. ¿Dotes proféticas? Por supuesto que no. Colón tenía información previa...

Las sorpresas, sin embargo, no concluyen ahí. En esa región del bellísimo Caribe, Colón entra en los dominios de Caona-boa, el Señor de la Casa de Oro, del que también le habló el piloto anónimo. Y el Almirante se siente feliz y orgulloso, confirmando, al mismo tiempo, las noticias de Toscanelli: un Cipango con las casas reales cubiertas por tejados de oro...

Ya no hay duda: Cipango y Cibao, para Colón, son la misma cosa.

Unas balas imposibles Y Cristóbal Colón, astutamente, va administrando su información privilegiada. El siguiente paso está allí mismo, en el valle del Cibao. Busca un lugar «especial» —inconfundible y muy estratégico—, rodeado por un río, y ordena construir un pequeño fortín. Será el fuerte de Santo Tomás. Pero Colón busca algo más. Al preparar los cimientos, los hombres quedan nuevamente atónitos: allí, en un nido de paja y barro, aparecen tres o cuatro piedras de lombarda. ¿Balas de cañón en La Española antes del descubri-

miento? ¿Quién ha dejado esas balas «imposibles» en el Cibao? Nadie se lo explica, salvo Colón. Pero el Almirante guarda silencio. Él sabe que fue la tripulación del prenauta quien dejó allí el preciado «tesoro». Otra señal y otra aplastante demostración del paso de los predescubridores por el Caribe antes de 1492.

Obviamente, el genovés no pudo leer nada al respecto en los libros de Pío II, D'Ailly o en los escritos de Toscanelli. Ninguno de estos autores podía proporcionarle pistas tan concretas y exactas como las minas de oro en el Cibao (a escasas veinte leguas de la costa), la silueta de Monte Christi o el nido de lombardas. ¿Solución? Una de dos: o Colón era un profeta o alguien le facilitó dichas informaciones. Naturalmente, me inclino por lo segundo.

Siguen las profecías Y es también en ese segundo viaje (1493-1496) cuando Colón, al aproximarse a la actual isla de Jamaica, reclama la atención de la marinería y dice: «... Señores míos: os quiero llevar al lugar de donde salió uno de los tres magos que vinieron a adorar a Cristo, el cual lugar se llama Saba.»

Cuando los españoles desembarcaron y preguntaron a los nativos, éstos replicaron que la isla se llamaba Sobo. Entonces, el

Almirante explicó que Saba y Sobo eran la misma palabra, pero que los indios no la pronunciaban bien.

Y la tripulación, desconcertada, se preguntó: ¿cómo sabía Cristóbal Colón el nombre de esta isla si jamás la había pisado?... La respuesta es elemental: por el piloto anónimo...

Y conforme siguieron los viajes de exploración, las supuestas dotes proféticas del Almirante dejaron sin aliento a cuantos le acompañaban. Un nuevo ejemplo: lo que Colón llamaba la «entrada a las Indias». En noviembre de 1493, el Almirante navega derecho hacia ese laberinto de arrecifes (hoy conocido como el archipiélago de las Once Mil Vírgenes). En el primer viaje, como se recordará, aunque advirtió de la existencia del roqueo a los capitanes de las carabelas, la expedición navegó más al norte, y no coincidió con dicha «entrada». Ahora, Colón se saca la espina. Pero ¿cómo podía saber de la presencia de tales arrecifes un año antes? El lector ya conoce la respuesta: por el prenauta.

Y allí, tal y como le refirió igualmente el piloto desconocido, Colón encuentra dos islas muy especiales: Matininó y Carib. La primera habitada por las amazonas. Carib, por los caníbales. Y el Almirante se cubre

Al llegar al archipiélago de las Once Mil Vírgenes, Colón sabía de la existencia de dos islas muy especiales...

de gloria ante sus hombres. ¿Cómo pudo saberlo don Cristóbal Colón?

En Matininó (Guadalupe) se registran otros sucesos insólitos que, supongo, hicieron sonreír maliciosamente al genovés.

Los españoles, al penetrar en una de las aldeas, fueron a topar con otros dos objetos «imposibles»: un codaste y un cazuelo de hierro. El primero, la pieza recta y vertical que remata la nave por popa, nada

Para Cristóbal Colón, uno de los Reyes Magos salió de Jamaica.

actual República Dominicana). A cosa de siete u ocho leguas de tierra fueron a divisar un montículo. Y Colón, con una seguridad que desarmó a sus hombres, aseguró que aquél era el lugar llamado Ofir, los montes «todos de oro» o las célebres minas del rey Salomón. Un yacimiento aurífero sembrado de profundos y enigmáticos pozos. Y así fue. Aquel paraje recibió el nombre de San Cristóbal.

Colón lo sabía desde mucho antes de 1492 y lo confirmó en mayo de 1493, a su regreso del primer viaje triunfal. Lo sabía, naturalmente, porque así se lo había detallado el piloto anónimo. No debemos olvidar que, para Colón, aquellas tierras seguían siendo el extremo de Asia. Y allí, para su turbulenta mente, se encontraban Ofir y Sophora, los legendarios parajes donde Salomón envió sus naves para cargar el oro destinado a la construcción del Primer Templo en Jerusalén. Los citados y profundos pozos que existían junto a las minas (hoy San Cristóbal) animaron —y no poco— a consolidar su creencia: dichos pozos, como le advirtió el prenauta, no pudieron ser excavados por los indios. No tenían herramientas para tal menester. En consecuencia, tuvo que ser Salomón.

tenía que ver con las canoas utilizadas por los indios. En cuanto al segundo, ¿qué pudieron pensar los españoles? Los naturales no conocían el uso del hierro. Y el Almirante, como digo, sonrió para sus adentros. Aquellas piezas sólo podían tener un origen: el prenauta.

El reino de Ofir Y las hazañas proféticas de Colón siguieron registrándose en ese segundo viaje. Ocurrió cuando navegaban al sur de la isla de La Española (la

El legendario reino de Ofir

• El nombre de Ofir aparece mencionado en la Biblia. Dice así: «... Hizo también el rey Salomón navíos en Ezion-gaber, que es junto a Elath, en la ribera del mar Bermejo, en la tierra de Edom. Y envió Jirám en ellos a sus siervos, marineros y diestros en el mar, con los siervos de Salomón, los cuales fueron a Ofir y tomaron de allí oro, cuatrocientos y veinte talentos y trajéronle al rey Salomón...»

• Del citado reino o territorio de Ofir se transportaba también madera preciosa (posiblemente sándalo), oro fino, plata y marfil. El viaje duraba alrededor de diecisiete meses.

• Durante siglos se ha especulado sobre la ubicación de dicho país. En la época de Colón se creía que Ofir podía hallarse en el extremo de Asia (las Indias para Toscanelli y Cristóbal Colón). Otros lo buscaron en Yemen, África Occidental, Persia, Etiopía y la India. En 1871, Carl Mauch alcanzó las ruinas de Zimbaoche, en la actual Zimbabwe (África). Y los exploradores creyeron que se trataba del antiguo reino de Ofir. Posteriormente se descubrió que dichas murallas fueron levantadas en el siglo XII. (El Primer Templo de Jerusalén fue construido entre el año 972 y el 932 antes de Cristo.)

• Hoy, Ofir sigue siendo una incógnita. Nadie sabe realmente dónde pudo estar ubicado.

Colón, al parecer, deseaba reconquistar Jerusalén: ése fue uno de los objetivos del descubrimiento: proporcionar oro a los Reyes Católicos para emprender dicha cruzada.

No hay deuda que no se pague

5

... ni plazo que no se cumpla

Pero la locura del Almirante no se detuvo ahí. El piloto anónimo le había informado también de un increíble lugar en el que los ríos procedentes de una montaña desembocaban en un enorme lago y producían un gran estrépito al chocar con la mar. Pues bien, en el tercer viaje a las Indias (1498), Colón busca ese territorio, situado —según el prenauta— a cosa de cincuenta o setenta leguas al sur de Cipango (La Española). ¡Y lo encuentra! Es el golfo de Paria, al norte de la actual Venezuela.

Descubre el lago, los ríos y queda maravillado al oír el fortísimo ruido provocado por la reunión de las aguas dulces y saladas. Y a esta tierra incógnita, hacia la que

Isabela (norte de La Española).

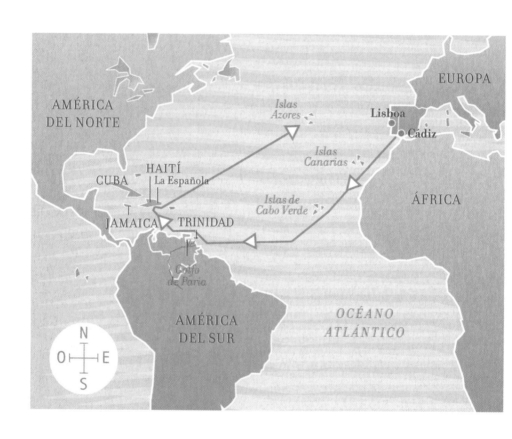

En el tercer viaje, Colón encuentra
el golfo de Paria, al norte de la
actual Venezuela.

En el golfo de Paria, el Almirante
escucha el fortísimo ruido que
provoca la reunión de las aguas
dulces con las saladas.
Algo que le advirtió el prenauta.

el Almirante navegó directamente y sin la menor sombra de duda, la llamó la «tierra firme de acá».

El tornaviaje Las pistas se suceden unas a otras. Colón, en efecto, disponía de una información secreta y privilegiada, que utilizó sin escrúpulos, incluso, para programar el difícil viaje de regreso a España. Es un hecho que, durante la primera travesía hacia América, los marineros se mostraron muy preocupados por la dirección de los vientos. Los alisios, efectivamente, siempre soplaban de popa. ¿Cómo regresar con semejante viento en contra? Colón, sin embargo, guardó silencio. No hizo un solo comentario. ¿Por qué? Sencillamente, porque sabía cómo hacerlo. Fue otro de los consejos del prenauta. Veamos algunos detalles:

Aquel 16 de enero de 1493, cuando toma la decisión de retornar, pone rumbo «nordeste, cuarta al este». En otras palabras: busca el norte, evitando los vientos que lo han empujado en la llegada. Y en el paralelo 38, frente a las costas de la actual Virginia (EE. UU.) cambia el rumbo hacia el este, aprovechando los vientos del oeste. Él sabe que así llegará a las costas de las Azores, Madeira o de las Canarias. Y no se equivoca. El 17 de febrero avista Santa María, en las Azores. Poco después, el 4 de marzo, desembarca en Lisboa y, finalmente, arriba a Palos el 15 de marzo de ese año de 1493. ¿Cómo pudo saber que debía navegar hacia el norte y, posteriormente, hacia el este? ¿Por qué evita el rumbo que había mantenido con tanta tozudez a su salida de las Canarias? Colón no conocía la zona y, sin embargo, acertó...

Pero el genovés cometió un gran error. Hizo suyo un secreto que no le pertenecía. Ignoró al piloto anónimo y se quedó con toda la gloria. Y el Destino pasó factura: en la primavera de 1499, el virrey y Almirante es encadenado y devuelto a la corte de Castilla. Poco después, el 20 de mayo de 1506, muere en Valladolid. Y muere olvidado y en la ruina.

Ni siquiera sus restos descansan en paz. Nadie conoce su paradero con exactitud. ¿Se encuentran en Sevilla o en Santo Domingo?

Como reza el adagio, no hay plazo que no se cumpla, ni deuda que no se pague.

Catedral de Sevilla.
Supuesta tumba de Colón.

«Llore por mí quien tiene
caridad...». Acertadas palabras
del propio Colón. (Santo Domingo.)

Las ideas delirantes de Colón

• El Almirante se consideraba un elegido de Dios. Vestía como un monje y su conducta religiosa se hallaba muy cercana al fanatismo. Cualquier escrito lo iniciaba con la frase *«Jesus cum Maria sit nobis in via»*.

• Vivió obsesionado con la conquista de Jerusalén. Consideraba que las riquezas obtenidas en América (las Indias) servirían a los Reyes Católicos para dicha cruzada. La tradicional amistad de Colón con los franciscanos pudo alimentar estas obsesivas ideas. (Los franciscanos tomaron estas ideas sobre Jerusalén de los escritos del abad Joaquín de Fiore, del siglo XII.)

• Durante toda su vida creyó oír «voces» que lo aconsejaban y guiaban. Uno de los ejemplos se registra el 14 de febrero de 1493, cuando se encuentra de regreso a España. En mitad de una tormenta, una «voz» le habla y le sosiega. Cuatro días después desembarca en las Azores.

• Colón asocia la región del golfo de Paria (Venezuela) con el Paraíso Terrenal. Y lo bautiza con el nombre de Los Jardines, en recuerdo del Jardín del Edén. Murió creyendo que había pisado la patria de Adán y Eva.

• Para el Almirante, la isla de Jamaica fue el mítico reino de Saba y el sur de La Española (San Cristóbal) el no menos legendario país de Ofir (las minas del rey Salomón).

Colón: algunas fechas clave

• 1451: Posible nacimiento de Colón en Porta dell'Olivella (Géno-va). Sus padres (Domenico Colombo y Susana Fontanarossa) son tejedores y comerciantes.

• 1471: Primeras navegaciones por el Mediterráneo.

• 1474: Carta de Toscanelli al rey de Portugal, en la que expone la posibilidad de viajar a las Indias por el mar Tenebroso (Atlántico).

• 1476-1477: El prenauta viaja por el Caribe.

• 1476: Colón naufraga frente a las costas de Portugal. Tenía vein-ticinco años.

• 1477: Matrimonio con Felipa Moniz. Traslado a Porto Santo. Primeras noticias sobre tierras extrañas existentes al oeste.

• 1477: Viaja a Galway. Colón observa a un hombre y a una mujer extraños. Los toma por chinos o hindúes.

• 1478: Nace su hijo Diego.

• 1478 o 1479: El piloto anónimo desembarca en Porto Santo o Madeira. Allí está Colón.

• 1478 a 1483: Colón se documenta.

• 1482 o 1483: Viaje a Guinea. Comprueba vientos y corrientes.

• 1484: Ofrece su proyecto descubridor a Juan II de Portugal. Pri-mer gran fracaso.

• 1485: Colón abandona Portugal. Deja a su hijo en Huelva. Encuentro con los franciscanos de La Rábida.

• 1487: La Junta de Salamanca rechaza su proyecto. Segundo fra-caso.

• 1488: ¿Nuevo viaje a Portugal? ¿Ofrece su sueño a Juan II por segunda vez?

- 1489: Bartolomé, su hermano, habla del proyecto en Francia e Inglaterra. Nuevos fracasos.
- 1491: Nueva reunión con fray Antonio de Marchena. ¿Le revela parte de su secreto?
- 1492: Los Reyes Católicos firman las llamadas Capitulaciones de Santa Fe (Granada). Colón triunfa.
- 1492: Colón revela su secreto a Martín Alonso Pinzón. Evita un segundo motín.
- 1493: Colón descubre Monte Christi, las minas de oro de Cibao y el nido de balas de cañón.
- 1493: Retorna a España por el paralelo 38.
- 1535: Primer testimonio escrito sobre el piloto anónimo (Gonzalo Fernández de Oviedo).

Punto final

Y Colón cumplió su Destino. Como todos...

Y ante sus restos en Santo Domingo (?) analizo el mío. Permanezco «dormido» sobre mis propios pensamientos. Un escalofrío me envuelve.

Aquel 13 de diciembre de 2001 (jueves). El diario de campo, y mi propia vida, se ven súbitamente interrumpidos. Gravísimo susto.

Sucedió en Costa Rica, una semana antes de embarcarnos hacia la República Dominicana. No había más remedio que abrir la selva de Palmar Sur a machetazos. De pronto, uno de los guías me golpea accidentalmente con su largo machete. Veo llegar el brillo de la hoja. Demasiado tarde. Cañas y ramas frenan la caída del acero sobre mi mano derecha. El machete me secciona el tendón extensor. He estado a punto de quedarme sin mano...

Cuadernos
de campo

Publicados
por primera vez

A lo largo de treinta años de investigación por todo el mundo, J. J. Benítez ha reunido un centenar de cuadernos de campo. Unos textos íntimos —él prefiere llamarlos «cuadernos casi secretos»—, en los que refleja el día a día de viajes, investigaciones, éxitos y fracasos.

Jamás se habían publicado. Con «Planeta encantado» salen al fin a la luz. Una vez más, las imágenes hablan por sí solas...

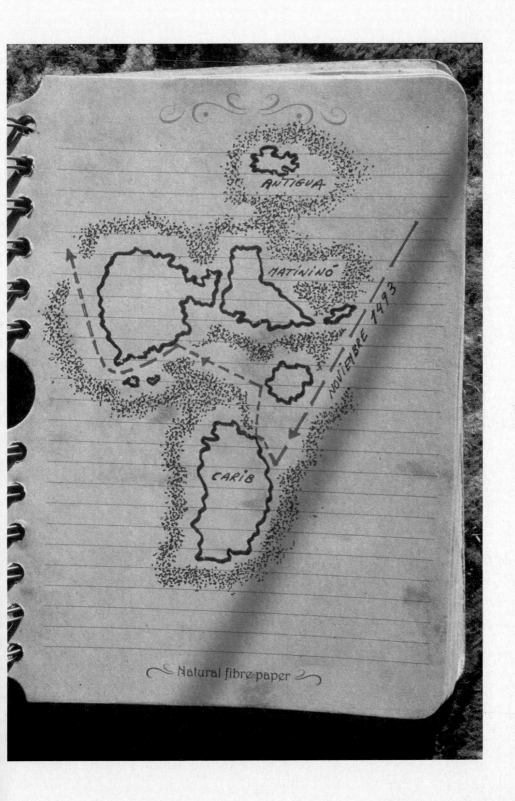

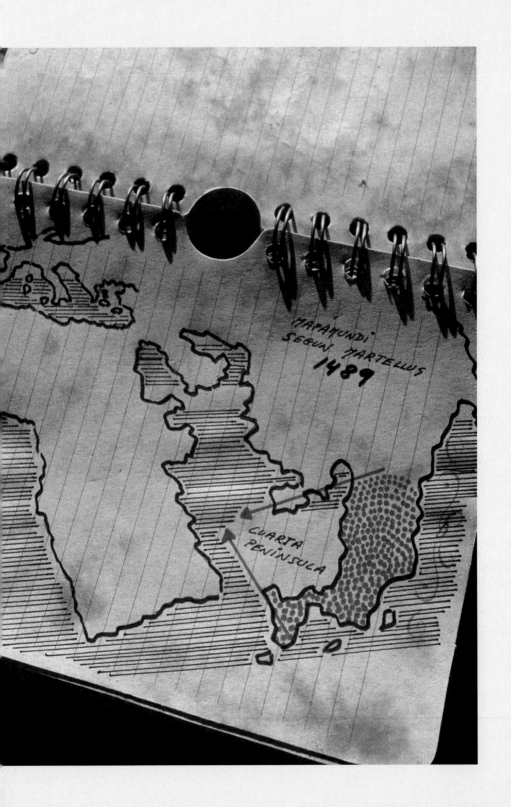

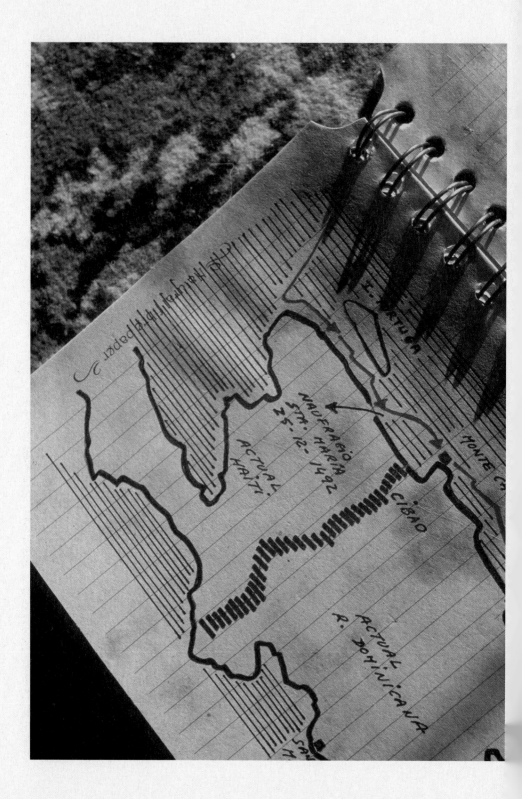

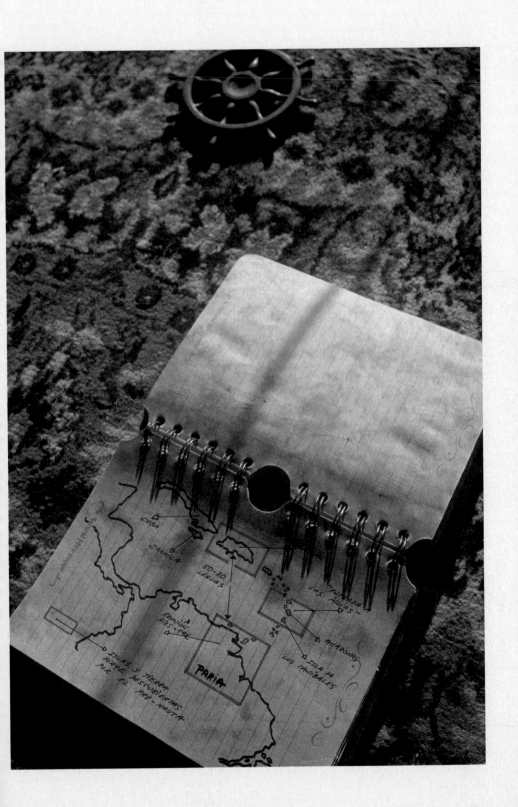

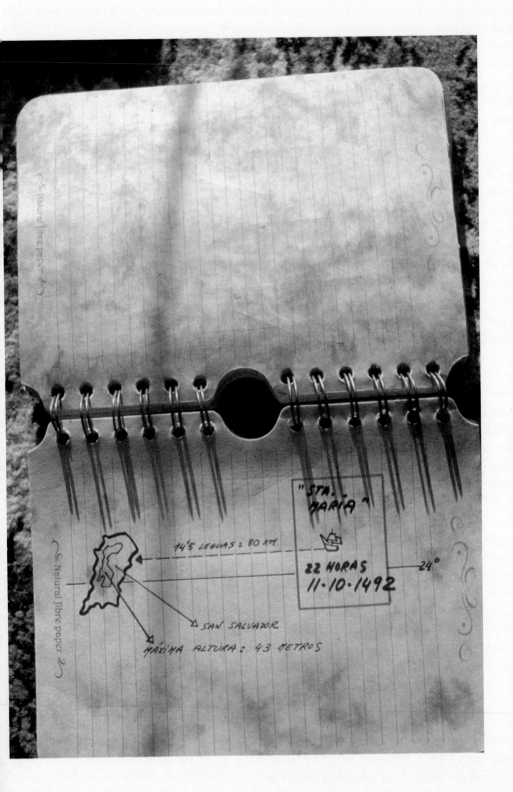

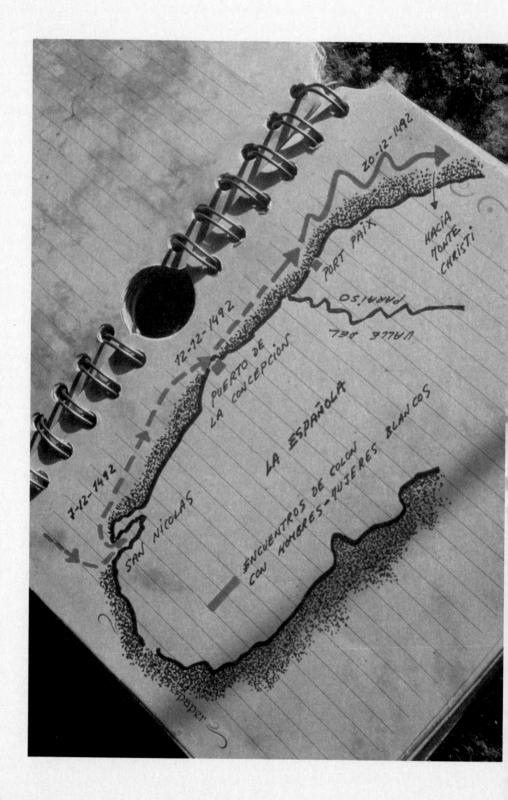

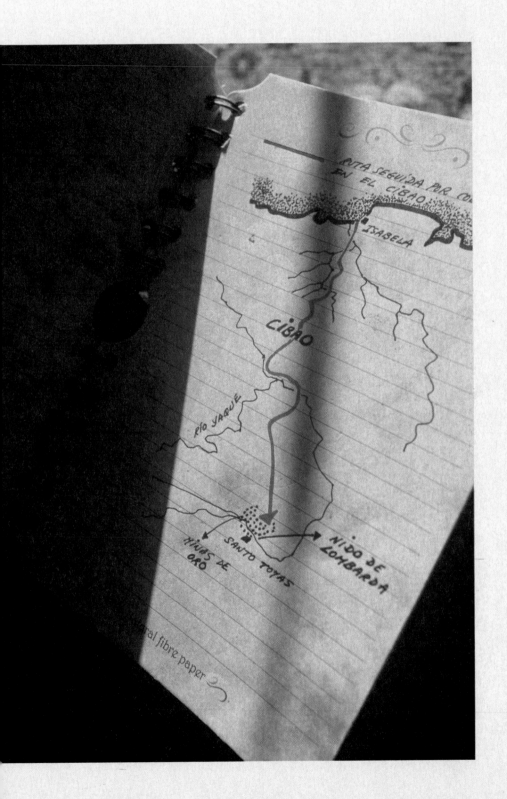

Un as en la
manga de Dios

A la memoria de José Luis Carreño,
que me llevó de la mano
(pacientemente) en aquellos años setenta.
Tú, ahora, sabes la verdad

Nada
es casual

Una imagen incomprensible para la ciencia

¡Qué extraña sensación! Han transcurrido veinticinco años…

En estos momentos, Navidad del año 2002, hace justamente veinticinco que me enfrenté al enigma de los enigmas: la Sábana Santa de Turín. Diciembre de 1977. Ésa fue la fecha de publicación de mi primer trabajo sobre la Síndone. Al volver a leer aquel apresurado pero intenso reportaje no puedo evitar una profunda emoción. «Es preciso adelantar que el periodista —escribía en el desaparecido periódico *La Gaceta del Norte*—, ante una noticia como ésta, se siente abrumado. No todos los días llega hasta nuestras manos la confirmación CIENTÍFICA de que aquel Hombre llamado Jesús RESUCITÓ de verdad... Y para aquellos que perdieron la fe. O para los que jamás la tuvieron. O, sencillamente, para los hombres de buena voluntad, he aquí lo que podríamos calificar como una segunda "buena nueva"...»

Fui el último en imaginar lo que iba a representar aquel encuentro con José Luis Carreño y con la imagen de la Sábana Santa. ¿Un encuentro casual? En absoluto. De ahí nacería uno de mis grandes objetivos: investigar y difundir la vida y el pensamiento de Jesús de Nazaret. Y fue aquel sabio navarro –el salesiano José Luis Carreño– quien me proporcionó el bautismo de fuego. Que Dios lo bendiga.

Siete años después –como un milagro– vio la luz *Caballo de Troya*, mi gran sueño: la vida del Maestro, relatada paso a paso, como la hubiera contado un periodista o un científico.

En efecto: es mucho lo que le debo a la Sábana Santa. Y entiendo que debe ocupar un lugar preferente en el gran proyecto llamado «Planeta encantado». Como he mencionado, el enigma de los enigmas...

Empecemos por el principio...

Una imagen incomprensible Recuerdo que, al mirarla con detenimiento, me estremecí. Aquel Hombre muerto tenía

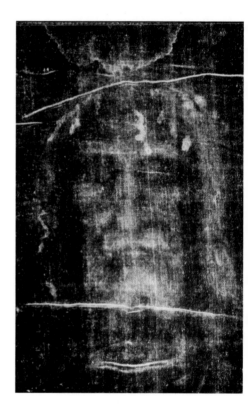

Imagen (en positivo) de la Sábana Santa o Síndone, actualmente guardada en Turín.

algo especial. Era hermoso. Quizá la palabra exacta sería majestuoso. ¿Un cadáver majestuoso?

Aquella imagen, encerraba «algo» extraño. La había visto en otras oportunidades, pero nunca como en esta ocasión. El padre Carreño, entusiasmado, fue señalando algunas de las principales características del rostro, del pecho, de las manos, de las heridas... Y empecé a comprender: estaba ante una figura incomprensible para la razón y para la ciencia.

Fue lo peor que podía sucederme. Acepté el reto. ¿Incomprensible? Eso no era posible. Tenía que haber una explicación. Y me propuse llegar hasta el fondo. Fue el principio, como digo, de una larga carrera. Una dilatada investigación que, por supuesto, todavía sigue ahí.

José Luis Carreño.

La Sábana: algunas claves

- La Síndone o Sábana Santa de Turín es un paño de lino de 4,373 metros de largo por 1,11 metros de ancho. Peso total: algo más de un kilo (1123 gramos).
- Es un tejido suave al tacto que, según los expertos, fue hilado en Oriente Próximo (quizá en el oasis de Palmira) en el siglo I. La textura se denomina «espina de pescado» (sarga a cuatro). Contiene pequeñas porciones de algodón y ningún rastro de fibras animales. Esto nos lleva a deducir que se trataba de un telar judío (la ley mosaica prohibía mezclar fibras vegetales y animales).
- Sentido de la torsión en «Z». Cuarenta hilos por centímetro en la urdimbre y treinta en la trama (veintisiete inserciones por cen-

Oasis de Palmira, posible origen del tejido sobre el que aparece la imagen.

tímetro). Tejido espeso y opaco, muy irregular. No fue confeccionado para dormir.

• Expertos como Timossi, Raes y Marchis consideran que se fabricó en un telar manual, muy sencillo, probablemente movido a pedal.

• El diseño en espiga aparece interrumpido y falseado por irregularidades en la anchura de las bandas, en la interrupción de la nervadura, en los ángulos de término y por omisión de algunas pasadas de trama.

• El lienzo está integrado por dos bandas de muy diferentes dimensiones. La de la izquierda es la más pequeña (ocho centímetros de ancho). Está cosida longitudinalmente al paño principal. Ambos tejidos son similares, aunque se ignora si la pieza más estrecha fue cosida después de formarse la imagen. En la citada franja de ocho centímetros faltan dos porciones de tela: una de catorce centímetros en la región frontal y otra de casi treinta y siete centímetros en la dorsal. Ambas fueron sustituidas por sendas telas de diferente naturaleza.

• El tejido en sarga empezó a hilarse en Europa bien entrado el siglo XIV, según Walsh. Otros especialistas consideran que el algodón no se cultivó en Europa hasta finales del XV.

La imagen: algunas claves

• La ciencia no sabe cómo, pero la imagen del Hombre muerto responde a una degradación física de la celulosa que forma las fibras de lino.

• No hay pintura. Jamás se encontró vestigio alguno de los pigmentos.

• El color es similar al de las quemaduras producidas en el siglo XVI en la misma tela de lino. Los científicos hablan de estabilidad térmica.

• Conforme el espectador se acerca a la imagen, ésta desaparece, y se convierte en una mancha informe. Sólo a cuatro o cinco metros se aprecia en toda su belleza. Este fenómeno óptico se registra como consecuencia de la falta de definición en los perfiles.

• No existen huellas laterales del cuerpo.

• La imagen es superficial: sólo afecta a las dos o tres primeras fibras (un hilo está integrado por casi doscientas fibras).

• El oscurecimiento de la imagen es igual en la parte frontal y en la dorsal. ¿Cómo puede ser si esta última experimentó un mayor peso?

• La ciencia no sabe cómo, pero la imagen dispone de estabilidad hídrica y química (el agua utilizada para sofocar el citado incendio de Chambéry, y que hirvió en el interior de la urna de plata, no afectó a la pureza de la figura. Ninguno de los reactivos químicos conocidos la disuelven o la decoloran).

• ¿A qué obedecen las claras deformaciones anatómicas en algunas regiones de la imagen? Por ejemplo: caderas y longitud del antebrazo.

• No hay direccionalidad. Si se tratase de una pintura, aparecería la inevitable dirección de la mano del artista.

• La imagen presenta manchas de sangre, independientes de la formación de dicha figura. ¿Por qué los coágulos y reguerillos no están lógicamente desflecados?

• La ciencia no sabe cómo, pero la Sábana Santa es un «negativo» fotográfico.

• La ciencia no sabe cómo, pero la intensidad de la imagen varía en función de la distancia del lienzo al cuerpo. Cuanto más cerca, más intensidad.

• La imagen —según los especialistas— se transfiere al lino en sentido vertical.

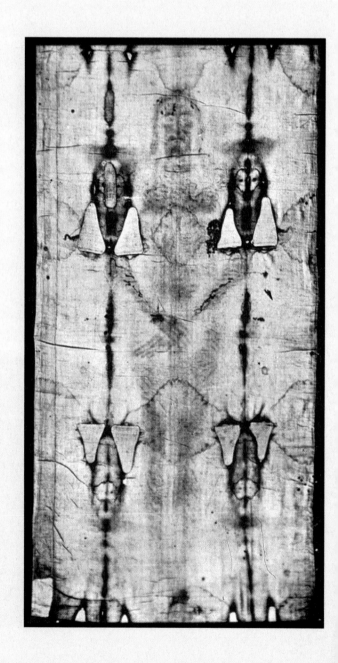

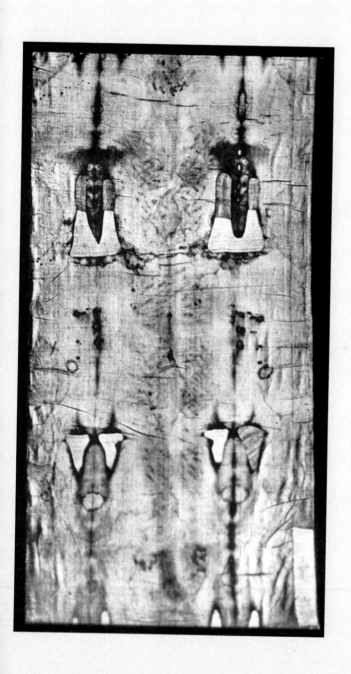

A la izquierda,
imagen frontal
(en negativo).
A la derecha,
imagen dorsal.

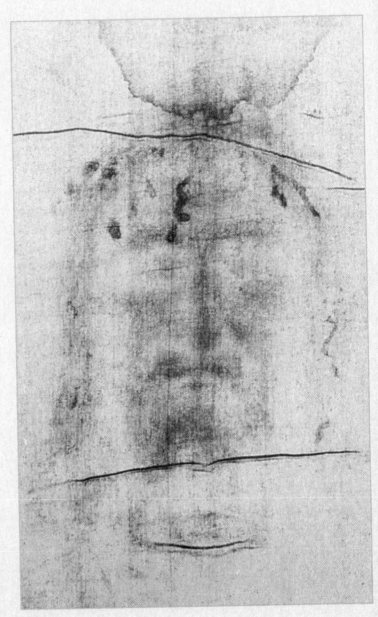

La imagen, tal y como aparece en el lienzo (negativo). A la derecha, positivo del original.

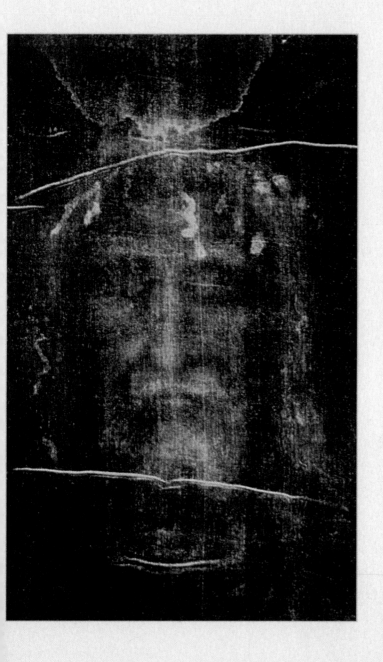

Una larga historia

1

Lo que no dicen los detractores

Cuando analicé esta compleja lista de características comprendí que la Síndone era mucho más de lo que pretendían sus detractores. Si no es pintura, si no existe vestigio alguno de pigmentación, ¿por qué hablan de fraude medieval? Y proseguí indagando. ¿Cuál es la historia conocida de la Sábana Santa? ¿Existen documentos que arrojen luz sobre su antigüedad? ¿Qué dicen esos documentos? Mi sorpresa fue igualmente considerable. La Síndone, tal y como suponía, tiene una larga historia que no mencionan sus enemigos...

He aquí algunos datos que me hicieron reflexionar:

• Las primeras alusiones escritas a la Sába-

na Santa se registran en documentos apócrifos: Evangelio de los Doce, Actas de Pilatos (hoy desaparecidas) y el Evangelio según los Hebreos (siglo II, Biblioteca Vaticana de Roma). «El señor, después de haber entregado el SUDARIO al siervo del sacerdote, fue y apareció delante de Jacobo [Santiago]».Esta cita, del referido Evangelio de los Hebreos, aparece en la obra *De viris illustribus*, de san Jerónimo.

• Eusebio de Cesarea, por su parte, insinúa que la Síndone pudo ser sacada de Jerusalén antes del asedio por las legiones romanas de Tito (año 70 de nuestra era). Quizá por los discípulos del Maestro, que la ocultaron en Pella, al norte de la actual Jordania. Quizá Tadeo, «uno de los setenta», la trasladó hasta la ciudad de Edesa (actual Urfa, en Turquía), y la puso en manos del rey sirio Abgar. En este sentido, los apócrifos cuentan que el tal Abgar, enfermo de lepra, solicitó ayuda de Jesús.

El rey Abgar.

Y el Maestro —en una más que supuesta carta— le responde, anunciándole que, una vez cumplida su misión, le enviará a uno de sus discípulos para sanarle. Abgar se envuelve en la Sábana y, según la tradición, queda libre de la enfermedad, y se convierte al cristianismo. Así lo asegura Eusebio de Cesarea en su *Historia de la Iglesia*, libro primero, capítulo 13. Años después —hacia el 57— Ma'nu, segundo hijo del rey Abgar, le sucede en el trono y persigue a los cristianos. La Sábana Santa desaparece. Otra leyenda asegura que fue escondida en la muralla, sobre la puerta occidental.

• Al margen de estas tradiciones —más o menos verídicas—, lo que parece cierto es que el lienzo termina saliendo de Israel por simples razones de seguridad. Como es sabido, la ley judía prohíbe el contacto con cadáveres o con restos funerarios. Éste era el caso de la Síndone. Y los discípulos de Jesús, al hacerse con el lienzo mortuorio, se vieron en la necesidad de trasladarlo lejos de Tierra Santa y ocultarlo en alguna de las nacientes comunidades cristianas de Asia Menor. Edesa —quién sabe si por la protección del mítico rey Abgar— fue el lugar elegido.

• En el año 525 una inundación arrasa la ciudad de Edesa. Mueren treinta mil per-

onas. En los trabajos de reconstrucción parece un extraño lienzo en un nicho practicado en la muralla, sobre la puerta occidental. Se trata, en efecto, de la Síndone. Otra leyenda afirma que el lugar donde se escondía la Sábana fue revelado al obispo Eulalio durante un sueño. A partir de esas fechas, el lienzo es venerado públicamente. Y se le da el nombre de «*Mandylion acheiropoiéton*» («pequeña tela no pintada por mano humana»). Sólo se muestra la cabeza. Esta imagen inspiró, sin duda, a infinidad de artistas bizantinos y medievales.

El escritor Avagrio, en su *Historia eclesiástica* (año 544), se refiere a la Síndone como el objeto que permitió la victoria de los edesinos sobre el rey persa Cosroes I: «Al sacar el Mandylion en procesión por las almenas de las murallas, el fuego prendió en las armas enemigas y los persas huyeron.»

Los musulmanes toman Edesa (año 639). Se tolera el cristianismo y el Mandylion, que se conserva en la basílica de Santa Sofía, es respetado. Una moneda de oro del segundo reinado de Justiniano (692-695) reproduce la cabeza que aparece en el citado Mandylion.

Atanasio, en el año 700, afirma haber hecho una copia del Mandylion. Pudo haber guardado el original en la iglesia jacobita

La mayor parte de los
artistas bizantinos se inspiró
en el llamado «Mandylion».

de la Madre de Dios. Aceptando que la historia narrada por Atanasio bar Gumayer fuera cierta, la Síndone se salvó así de la inminente fiebre iconoclasta que asolaría a los cristianos hasta bien entrado el siglo IX. En ese largo período, que finalizó en el 843, con el Sínodo de Constantinopla, las imágenes que reproducían el rostro de Dios o de Jesús fueron destruidas. La Sábana Santa, sin embargo, se salvó.

• Primavera del año 943 de nuestra era. Edesa es cercada por los ejércitos bizantinos. El general Curcuas promete a los musulmanes que no destruirá la ciudad y que pagará doce mil piezas de plata si, a cambio, entregan el Mandylion. Un año después, tras laboriosas gestiones, los musulmanes ceden el Mandylion al obispo de Samosata. Se trata, al parecer, de una copia. Nuevas negociaciones. Finalmente, los habitantes de Edesa entregan el lienzo original. El Mandylion permanece un corto período de tiempo en Samosata. Después continúa hacia Constantinopla.

• Un día histórico: 15 de agosto del año 944. El Mandylion entra en Constantinopla. En la sacristía de Santa María de Blanquernas es venerado por Esteban y Constantino Lecapeno, hijos del emperador, así como por el futuro emperador, Constantino Porfirogeneta. El comentario d los Lecapeno es elocuente: «Está borro so.» Un escrito de aquella época, *De ima gine edessena*, dice textualmente: «... es un secreción húmeda, sin colorido ni mancha artificiales». Al día siguiente, el Mandylio es paseado en una urna por las calles d la ciudad. El archidiácono Gregorio pro nuncia una homilía y habla de la totali dad de la imagen, incluida la herida de costado. A partir de esos momentos e expuesta a los fieles cada viernes y en s totalidad.

• Año 945. Al ser coronado emperador Constantino Porfirogeneta acuña mone das de oro con las que celebra la llegad de la Síndone a Constantinopla (aparece e rostro de Cristo). Declara el 16 de agost como el día de la Imagen de Edesa.

• Hacia el año 1011 (?), el papa Sergio reci be en Roma una copia del Mandylion; se l conoce como la «Verónica». Se trata de un falsa leyenda. La Verónica nunca existió Verónica significa «verdadera imagen» (*Vera Icona*).

• Por primera vez, el arte se preocupa d dibujar a Jesús completamente tendido, ta y como muestra la Sábana Santa (año 1025 aproximadamente). Son los *threnos* o esce nas de las lamentaciones. ¿Pudo alguien desprender la tela de su marco y contemplar así la totalidad de la figura?

• Año 1058. Abu Nasr Yahya, escritor árabe-cristiano, asegura haber visto el Mandylion en Santa Sofía.

• En el año 1092, Alejo I Comneno de Constantinopla escribe al conde de Flandes, advirtiéndole que la ciudad no debe caer en poder de los paganos, ya que en dicha población existen preciosísimas reliquias del Señor. Entre otras numera «los lienzos encontrados en el sepulcro después de la resurrección».

• En ese mismo siglo XI, un griego confeccionó el catálogo de las reliquias veneradas en Constantinopla. Una traducción latina se conserva en la biblioteca del Vaticano (cod. Ottob. Lat. 169). En dicha relación aparecen «el lienzo y el sudario de la sepultura».

• Año 1130. Orderico Vitalis, monje británico, escribe en su *Historia eclesiástica* la ya referida tradición del rey Abgar y su correspondencia con Jesús de Nazaret.

• En el año 1147 aparece el testimonio de Luis VII, rey de Francia, que contempla la Síndone en su visita a la iglesia de Santa María de Blanquernas.

• Año 1151. El abad benedictino Nicolás Saemundarson, del monasterio Thingeyrar (Islandia), afirma haber visto la Sábana Santa en el Gran Palacio de Constantinopla. Dice que estaba confeccionada con lino basto y menciona las manchas de sangre.

• En 1171, Guillermo, arzobispo de Tiro, en su *Historia rerum in partibus transmarinis gestarum*, describe la visita de Amalrico I, quinto rey latino de Jerusalén, a Manuel I Comneno de Costantinopla. Al relatar las excelencias y tesoros del palacio hace alusión a la Sábana, que fue contemplada por el rey.

• En 1201, el guardián de las reliquias de la capilla de Faros en Constantinopla hace «inventario» y menciona la Síndone: «...es de lino —dice—, de material barato y fácil de obtener... Ha desafiado la descomposición por haber envuelto el misterioso cuerpo de la Pasión».

• Año 1203 (agosto). El soldado y cronista de la mal llamada IV Cruzada, Robert de Clari, contempla la Síndone y escribe: «...Había en Constantinopla, entre otros, un monasterio que se llamaba Nuestra Señora Santa María de Blanquernas, donde se conservaban las Síndones en que Nuestro Señor fue envuelto, que cada viernes se mostraba [al pueblo] vertical, de modo que se podía ver bien la figura de Nuestro Señor.» El soldado habla de «Síndones», en plural, refiriéndose, probablemente, a las dos partes del lienzo (frontal y dorsal).

- Año 1204. En la noche del 9 al 10 de abril, los cruzados atacan Constantinopla. Previamente (8 de febrero), un aventurero llamado Murzuphie ordena el estrangulamiento del joven emperador Alejo IV, repuesto en el trono por los cruzados. El pillaje —según Jean Longnon— fue total: más de cuatrocientos mil marcos de plata. Robert de Clari escribe: «Nadie supo jamás, ni griego ni francés, qué fue de la Síndone, cuando la ciudad fue tomada.»

- Año 1205. El 1 de agosto, Teodoro Ángel Comneno, nieto del emperador de Bizancio, escribe al entonces papa Inocencio III, con motivo del saqueo de Constantinopla por los cruzados. En dicha carta, que forma parte del *Chartularium Culisanense*, se informa de que los tesoros robados se conservan en Venecia, Francia y en otras partes. Pero «la más sagrada entre ellas, es decir, la Santa Sábana con que fue envuelto, después de muerto y antes de la resurrección, nuestro señor Jesucristo... se conserva en Atenas», de donde era duque Othon de la Roche, uno de los jefes cruzados.

- En 1238 sube al trono Balduino II de Courtenay. Es el nuevo señor de Constantinopla. Su situación financiera es tan penosa que se ve obligado a empeñar muchas de sus propiedades y reliquias. San Luis, rey de Francia y tío de Balduino, le ayuda a recuperar muchas de esas reliquias. En 1247, como agradecimiento, Balduino II le envía un trozo de la Síndone (parte de los pies y sin imagen). Esto hace sospechar a los historiadores que la Sábana Santa estaba todavía en poder del citado Balduino II.

- En 1261, Balduino II empeña cuanto tiene y huye definitivamente a Europa. La Sábana Santa pudo ser vendida en ese año, o poco antes y, muy probablemente, a los poderosos caballeros de la Orden del Temple. No es ningún secreto que los templarios surgieron, entre otras razones, para tratar de reconquistar Tierra Santa y, sobre todo, para poner salvo a determinados símbolos y objetos religiosos. Entre los más importantes: el cáliz de la última cena (Santo Grial), el Arca de la Alianza y la Sábana Santa.

- En 1291 se produce la caída de San Juan de Acre, en el norte de Israel. Los templarios abandonan la fortaleza y viajan a Chipre, Marsella, Besançon y Villeneuve du Temple, en París. Es posible que el gran tesoro llegara a Francia hacia 1306 y bajo la custodia de Jacques de Molay, Gran

Uno de los objetivos de los Templarios fue rescatar el Arca de la Alianza, el Santo Grial y la Síndone.

El ídolo «Bafumet», venerado, según el Vaticano, por la orden del Temple.

La ley judía prohíbe las imágenes y el contacto con cadáveres y restos funerarios.

Maestre Templario. Uno de los indicios que apunta a los templarios como los secretos propietarios de la Síndone durante un siglo (quizá más) fue la acusación, por parte de la Santa Sede, de venerar a un extraño rostro de barba rojiza al que llamaban «Bafumet» (otros hablan de «Bafomet» o «Mohamet»): un ídolo sospechosamente parecido a la cabeza del Hombre muerto de la Sábana Santa. Ésta, entre otras, sería la causa de la persecución de la orden.

• En 1307 (13 de octubre) el rey Felipe IV el Hermoso ordena el encarcelamiento de los templarios. Una semana antes (en la noche del 6), un carro abandona la fortaleza del Temple, en las afueras de París. Llueve torrencialmente y el hombre que lo conduce se protege con una «sábana». Los soldados registran la carga de paja, pero no encuentran nada. La Síndone no aparece. Todo apunta a que fue sacada del castillo por el hombre que se cubría con la referida «sábana».

• 1314. En marzo son quemados vivos Jacques de Molay, Gran Maestre de la Orden del Temple, y Godofredo de Charny, visitador de Normandía. La Síndone continúa oculta.

• 1349. Cuarenta y dos años después de la caída del Temple por orden del papa Clemente V y del suceso del carro, otro Godofredo de Charny, señor de Lirey, cercano a la ciudad de Troyes, pide permiso al citado papa para construir una colegiata en la que exponer unos lienzos que «son la auténtica mortaja de Jesús». Parece claro que ambos Godofredos de Charny eran parientes. ¿Pudo quedar la Síndone en poder del segundo señor de Lirey? Es lógico, ya que la Sábana se encuentra bajo su protección. En 1354 recibe la autorización.

• Godofredo de Charny muere el 19 de setiembre de 1356 en la batalla de Poitiers. La Síndone ya había empezado a ser expuesta a los fieles. Esto provocó un gran malestar entre las parroquias próximas. La colegiata de Lirey recibía miles de peregrinos y, en consecuencia, sus ingresos se multiplicaron. La imagen es considerada como una «pintura» por los enemigos de Lirey.

• 1415. Margarita de Charny, nieta de Godofredo y casada en segundas nupcias con Humberto de Villersexel, conde de la Roche y señor de Saint Hippolyte sur le Doubs, retira la Sábana de la colegiata de Lirey. Tiene miedo de los pillajes que ha generado la guerra de los Cien Años. Y el lienzo es trasladado al castillo de Saint Hippolyte. Al enviudar, la pésima situación

económica de Margarita le obliga a exponer la sábana, y obtiene así algún dinero.
La explanada del castillo es conocida como
el «campo de Dios», en recuerdo de dichas
ostensiones.

• 1453 (22 de marzo). Otro histórico día.
Margarita de Charny cede el lienzo a la casa
de Saboya. El acuerdo se firma en Ginebra.
El duque de Saboya, Luis I, entrega a Margarita el castillo de Varambon y las rentas
del señorío de Miribel, cerca de Lyon, «por

En 1349, el señor de Lirey solicita autorización
para exponer la Sábana Santa. Miles de peregrinos
pasan por la colegiata, provocando la envidia
de las iglesias próximas.

La Síndone fue
propiedad de la casa
de Saboya hasta 1983.

Iglesia de Chambéry.

En 1509, la Síndone es doblada en 48 plieges y guardada en una urna de plata.

los numerosos e importantes servicios que la condesa de la Roche había prestado al duque de Saboya». Los canónigos de Lirey protestan y piden una indemnización. Once años después, el duque de Saboya asigna cincuenta francos de oro a los canónigos de Lirey en compensación por la pérdida de la Síndone. A partir de esos momentos, y hasta 1983, la Sábana Santa fue propiedad de la citada casa de Saboya. El 18 de marzo de ese año (1983), los herederos del ex rey de Italia, Humberto II de Saboya, entregaron el lienzo al Vaticano.

La Sábana Santa llegó a Chambéry en 1502.

• La Sábana Santa, como si de una maldición se tratase, prosiguió peregrinando de castillo en castillo. En 1502 reposaría temporalmente en Chambéry.

• Año 1509. El lienzo es depositado en un nuevo relicario: una urna de plata donada por Margarita de Austria. La Síndone es doblada en 48 pliegues. Se suceden las exposiciones. La imagen es copiada y regalada a numerosas personalidades.

• Año 1532 (noche del 3 al 4 de diciembre). Se declara un pavoroso incendio en la capilla donde se encuentra la Síndone (Chambéry), provocado, al parecer, por los calvinistas. La urna es retirada en el último momento, gracias al valor del canónigo Philibert Lambert, al que ayudan dos fran-

*Turín, sede de la Sábana Santa
desde 1578. El lienzo fue depositado
en una urna diseñada por Guarini.*

ciscanos y un herrero. El fuego alcanza dicha urna y varias gotas de plata fundida queman y traspasan los pliegues de la Sábana Santa. También el agua utilizada para apagar el incendio impregna parte del lino, formando rombos que se repiten simétricamente a lo largo de la imagen. Dos años después, las monjas clarisas —de rodillas— remiendan los desperfectos. Devuelven el lienzo el 2 de mayo de 1534.

• 1578. Concluye el peregrinaje de la Sábana Santa. El entonces cardenal de Milán, Carlos Borromeo (después santo), hace una solemne promesa: si desaparece la peste que asola la ciudad caminará hasta Chambéry y se arrodillará ante la Síndone. La epidemia remite y el cardenal se dirige a Francia. La casa de Saboya, sin embargo, se apiada de Borromeo y, para evitar que cruce los Alpes, traslada la Sábana a mitad de camino entre Milán y Chambéry. Para algunos historiadores, esta decisión sólo fue una argucia política del duque Emmanuel Filiberto para trasladar su capital a Turín. Es el 14 de setiembre de 1578 cuando la Síndone es trasladada a Turín. El 10 de octubre, Carlos Borromeo se arrodilla ante el lienzo.

• 1694. La Sábana Santa es colocada en la Capilla Real de la catedral de Turín, en una urna diseñada por Guarini. El beato Sebastián Valfré añadió un forro de seda negro a la «holandesa» que habían cosido las monjas clarisas de Chambéry —«donde no hay imagen, sólo algunas manchas de sangre que han atravesado la tela»—, aunque posteriormente fue cambiado por otra protección de tafetán rojo que cubre la totalidad de la parte trasera, así como los bordes de la Síndone. Desde esa fecha, la Sábana Santa ha permanecido en la ciudad italiana de Turín.

El fraude del carbono 14

Fallos e irregularidades

2

No hay lugar para la duda: documentos, testimonios y restos arqueológicos demuestran que la Sábana Santa es antigua. Muy antigua. Muy anterior a la Edad Media, como pretenden los mal informados o mal nacidos, que de todo hay...

Pero, en el otoño de 1988, el mundo quedó perplejo: dos laboratorios europeos y otro norteamericano dieron a conocer los resultados de sus análisis sobre una muestra de la Sábana Santa. El C14 (carbono 14) arrojó una datación sorprendente: el tejido analizado —según dijeron— era medieval. Y los científicos situaron la época de su elaboración entre los años 1260 y 1390.

*Lago Tiberíades. El polen,
en la Síndone, demuestra que el lienzo
se encontraba en Israel en el siglo I.*

¿Medieval? De ser cierto sólo podía significar una cosa: la imagen del Hombre muerto era una falsificación.

Creo que fui uno de los primeros periodistas en reaccionar. Y así lo publiqué: «El C14 no es una prueba definitiva: hay otras investigaciones anteriores –alrededor de trescientas– que demuestran que el lienzo es del siglo I.»

Las voces que clamaron, recordando que existía un dilatado historial científico al respecto, sólo fueron eso: voces en el desierto. Y los medios de comunicación –con una lamentable falta de rigor– se hicieron eco de la noticia, abriendo, incluso, los informativos. Pocas veces he sentido tanta vergüenza ajena. Mis colegas demostraron una especialísima falta de profesionalidad.

Poco a poco fueron saliendo a la luz una treintena de fallos e irregularidades en los referidos procesos de datación por parte de los tres laboratorios. Naturalmente, la prensa, la radio y la televisión se hicieron los sordos. Eso no interesaba. No vendía. Y las protestas del mundo científico, que puso en tela de juicio la bondad del C14, no trascendieron a nivel popular. Y se habló, incluso, de complot. Una conspiración para acabar con la Síndone. ¿Una trama secreta? ¿Urdida por quién?

Historia de unos análisis

• La idea de datar la Sábana Santa no fue de la Iglesia Católica, propietaria de la Síndone, sino de los laboratorios.

• Otoño de 1986. Reunión en Turín. Siete laboratorios de radiocarbono (cinco AMS o espectrometría por aceleración de masa y dos contadores de gas) recomiendan un protocolo para la datación del lienzo.

• Octubre de 1987. Se seleccionan las ofertas de tres laboratorios AMS: Arizona, Oxford y Zurich. La selección fue hecha por el arzobispo de Turín y custodio pontificio de la Santa Sede, cardenal Ballestrero, bajo las indicaciones específicas de Roma. Los laboratorios no cobrarían. Sería suficiente con la publicidad que provocaría el asunto.

• El Museo Británico fue invitado como coordinador de los análisis. En enero de 1988, bajo la presidencia del profesor Tite, director del laboratorio de investigación científica del citado Museo Británico, se reúnen los representantes de los tres laboratorios. Acuerdan cómo proceder en la toma de muestras y cómo tratar los resultados. Las recomendaciones fueron aprobadas por el arzobispo de Turín.

• El corte de la muestra de la Sábana Santa tuvo lugar en la mañana del 21 de abril de 1988 en la sacristía de la catedral de la mencionada ciudad del norte de Italia.

• Testigos principales del corte, pesado y sellado del muestreo: Anastasio Ballestrero, profesor Gonella (Departamento de Física del Politécnico de Turín y asesor científico del arzobispo), dos expertos en textiles (profesores Testore y Vial, del Departamen-

Una carta del profesor Tite que la prensa, radio y televisión ignoraron.

En el comunicado oficial se reconoce que el origen de la imagen sigue sin explicación.

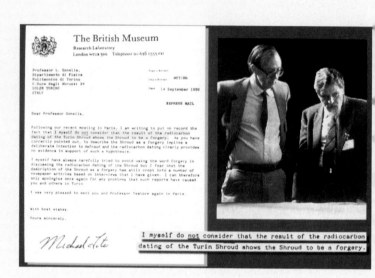

I myself do not consider that the result of the radiocarbon dating of the Turin Shroud shows the Shroud to be a forgery.

Con un informe llegado al custodio pontificio de la Santa Sábana el 28 de septiembre de 1988, los laboratorios de la Universidad de Arizona, de la Universidad de Oxford y del Politécnico de Zurich que han efectuado las medidas de datación con el carbono 14 del tejido de la Santa Sábana, a través del doctor Tite, del British Museum, coordinador del proyecto, han comunicado finalmente el resultado de sus experiencias.

Tal documento precisa que el intervalo de fecha calibrada asignada al tejido del Sudario con el nivel de confianza del 95 por ciento está entre el año 1260 y el 1390.

Informaciones más precisas y detalladas sobre este resultado serán publicadas por los laboratorios y por el doctor Tite en una revista científica con un texto

Comunicado oficial

que ahora se está elaborando.

Por su parte el profesor Bray, del Instituto de Metrología "G. Colonetti", de Turin, encargado de la revisión del informe de síntesis presentado por el doctor Tite, ha confirmado la compatibilidad de los resultados obtenidos por los tres laboratorios, cuya certeza entra en los límites previstos por el método utilizado.

Después de haber informado a la Santa Sede, propietaria del Santo Sudario, doy noticia de cuanto me ha sido comunicado.

Al dejar a la ciencia la valoración de estos resultados, la Iglesia reafirma su respeto y su veneración por este venerable icono de Cristo, que sigue siendo obje-

to de culto de los fieles en coherencia con la actitud expresada desde siempre en relación con la Santa Sábana, en la cual el valor de la imagen es preeminente respecto al eventual valor de carácter histórico, actitud que hace caer las gratuitas ilaciones de carácter teofógico avanzadas en el ámbito de una investigación que había sido planteada como únicamente y rigurosamente científica.

Al mismo tiempo los problemas del origen de la imagen y de su conservación siguen siendo todavía en gran parte inexplicados y exigirán ulteriores investigaciones y ulteriores estudios, hacia los cuales la Iglesia manifestará la misma apertura, inspi-

rada por el amor a la verdad, que ha mostrado permitiendo la datación con el carbono 14 cuando le fue propuesto un razonable proyecto en este sentido.

El hecho desagradable que muchas noticias relativas a esta investigación científica hayan sido anticipadas en la prensa, sobre todo en la de lengua inglesa, es motivo para mí de una personal lamentación porque ha favorecido también la insinuación, no ciertamente ponderada, de que la Iglesia tenía miedo de la ciencia intentando esconder los resultados, acusación en patente contradicción con las actitudes que la Iglesia también en esta circunstancia ha mantenido con toda firmeza.

ANASTASIO
BALLESTRERO
Cardenal-arzobispo de Turin

to de Ciencias de Materiales de Turín y del Museo de Tejidos de Lyon, respectivamente), el profesor Tite (Museo Británico), los profesores Damon, Donahue, Hall, Hedges y Woelfli (representantes de los laboratorios) y G. Riggi, que procedió a la extracción de la muestra.

• El lino fue separado del forro por la parte izquierda inferior. Se procedió al corte de una tira de 10 x 70 milímetros, justamente por encima del lugar donde se obtuvo la muestra de 1973 (aquel intento de datación no prosperó como consecuencia del tamaño de la muestra: se requerían del orden de quinientos centímetros cuadrados).

• El 28 de setiembre de 1988 llega la comunicación oficial al cardenal Ballestrero: el tejido es medieval. La Iglesia Católica presenta un comunicado el 13 de octubre. Gran revuelo en la prensa.

• Los responsables de los tres laboratorios se deciden a hacer público el estudio por C14. La prestigiosa revista *Nature* lo recibe el 5 de diciembre de 1988. El artículo se publica en el volumen 337 (16 de febrero de 1989).

Irregularidades en el proceso

• Uno de los graves errores se registró en el corte de la muestra. Según los expertos en este tipo de datación, la pieza que hay que analizar debe hallarse suficientemente protegida (prácticamente blindada), evitando así la radiación de fondo existente en la naturaleza (entre quinientas y seiscientas desintegraciones por minuto) y la de los seres vivos que rodean o están en contacto con dicha muestra (15,3 desintegraciones de C14 por minuto y gramo). Nada de esto se cumplió.

• Para el profesor Libby, premio Nobel (en 1960) por sus hallazgos sobre el C14, la muestra extraída de la Síndone (un lugar periférico) no fue representativa. Un análisis riguroso y objetivo habría demandado otras muestras del resto del lienzo.

• La pieza sometida al C14 no debe aparecer contaminada. En el caso de la Sábana Santa, el lino se ha visto alterado por numerosos factores: incendios, agua utilizada para sofocar los fuegos, humo de las velas, cera, polen, contacto con piel humana, fibras antiguas y modernas, casi trescientos experimentos científicos y, en especial, la «radiación» que, al parecer, provocó la formación de la imagen del Hombre muerto. Estos elementos han podido contribuir al incremento del carbono 14 que tenía el lino en el momento de ser cortado y con el que se elaboró la tela. Ese aumento del C14, justamente, es lo que «rejuvenece» el lienzo, arrojando una datación medieval. En este sentido resulta altamente esclarecedor el experimento desarrollado por Dimitri Kouznetsov, director de los laboratorios Sedov de Moscú para la investigación sobre los biopolímeros y premio Lenin para la ciencia; alguien muy poco sos-

El científico ruso Kouznetsov sometió un trozo de lino a las mismas condiciones del incendio de Chambéry y comprobó cómo el tejido «rejuveneció».

Para el profesor Libby, premio Nobel por sus hallazgos sobre el carbono 14, la purificación de la muestra fue un grave problema.

La misteriosa «radiación» (?) que provocó la imagen alteró los índices de C14 del lino. Por eso «rejuveneció» la tela.

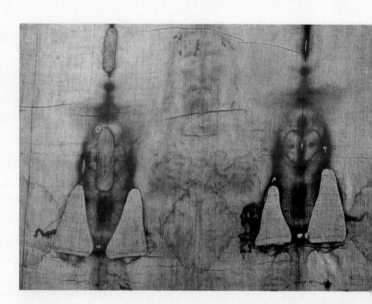

La tela utilizada
en los experimentos
fue sacrificada
inútilmente.
El profesor Tite,
inexplicablemente,
eligió las pruebas
destructivas.

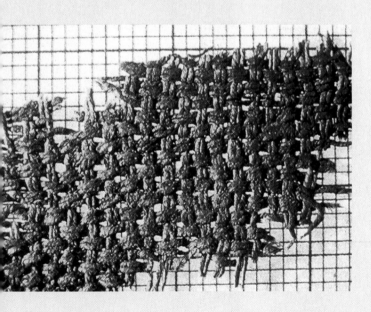

Rinaud,
especialista en
medicina nuclear,
ratificó las
experiencias del
ruso Kouznetsov.

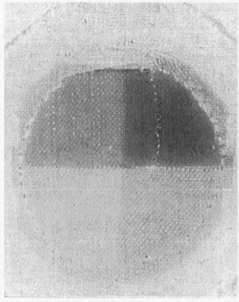

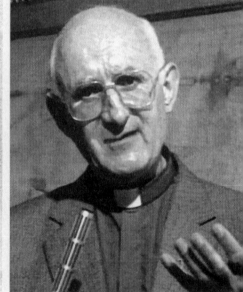

pechoso. Pues bien, Kouznetsov, desconfiando del sistema utilizado por los laboratorios de Oxford, Zurich y Arizona, mandó datar un trozo de lino del tiempo de Jesús y procedente de En-Gedi, en Israel. Los resultados del C14 fecharon la tela en el 200 antes de Cristo. Acto seguido, el ruso sometió dicho tejido a las mismas condiciones que rodearon a la Síndone en el incendio de 1532 en Chambéry (Francia). Tal y como sospechaba Kouznetsov, las altas temperaturas y la plata fundida terminaron alterando la edad real de la tela de En-Gedi. Al someter de nuevo el lino al carbono 14, ¡el tejido había «rejuvenecido» 14 siglos! (La plata actúa como catalizador para la carboxilación de la celulosa.) Este fenómeno ha sido igualmente ratificado por Jean Baptiste Rinaud, especialista en medicina nuclear (Montpellier): bajo los efectos de una fuente de energía, el hidrógeno pesado (deuterio) libera un protón y un neutrón. Ese protón, en definitiva, es capaz de crear una imagen similar a la de la Síndone. Y el neutrón, además, modifica los núcleos atómicos del C14, «rejuveneciendo» así el tejido.

El profesor Garza Valdés, del Instituto de Microbiología de la Universidad de San Antonio, en Texas (EE.UU.), ha confirmado esta nueva irregularidad a la hora de datar la Sábana Santa: el lienzo —asegura Leoncio Garza— se halla cubierto por una pátina de hongos y bacterias (un compuesto biológico llamado «liquenotelia») que falsea la datación del C14.

• A la hora de cortar la muestra, Giovanni Riggi, responsable de la extracción, se quedó con algunos hilos. Parte de esas muestras fue examinada por el citado profesor de la Universidad de Texas, Leoncio Garza Valdés.

• De los siete laboratorios que optaron al experimento, cuatro ofrecían métodos no destructivos. La muestra, en definitiva, se podría haber conservado, y haberse repetido la datación indefinidamente. El profesor Tite —inexplicablemente— se decide por las pruebas destructivas. La tela, en suma, fue sacrificada.

• A las 9.45 horas del 21 de abril del año 1988, se entregan las muestras a los tres laboratorios (una procedente de la Sábana Santa y tres de control). Las citadas muestras no se deshilan o se desmenuzan. En otras palabras: eran fácilmente reconocibles: en el corte de la Síndone se encontraban presentes varios científicos, representantes de los tres laboratorios. Al tratarse de un tejido en «espiga», el reconocimiento de la pieza resultaba mucho más fácil. Todo esto debería haberse evitado.

• Según las condiciones pactadas por la Iglesia y los tres laboratorios, cada muestra sería identificada con una clave. Una numeración conocida únicamente por el cardenal Ballestrero y un reducido grupo de personas. Los laboratorios, por tanto, al recibir los tres trozos de la Síndone y las piezas «falsas» o de control no debían saber cuáles correspondían a la Sábana Santa y cuáles a los tejidos de referencia. En setiembre, sin embargo, el *Sunday Telegraph* y el *Evening Standard* publicaron las primeras filtraciones, declarando que la Síndone era medieval y, por tanto, falsa. La pregunta es tan simple como demoledora: si los laboratorios no sabían qué piezas eran las de la Síndone, ¿cómo adelantaron el resultado? Lo normal es que, una vez concluidos los análisis, los sobres sellados y lacrados hubieran sido abiertos por el cardenal de Turín y, públicamente, ante notario, aclarada la identidad de cada muestra.

• El certificado que acompañó a los trozos de la tela —redactado por el profesor Gonella y firmado por Tite y Ballestrero— puso ya sobre la pista de la Sábana Santa a los tres laboratorios. Decía así: «Los contenedores etiquetados Z-1, Z-2 y Z-3, para ser entregados a los representantes de los laboratorios, contienen una muestra de tejido tomada, en presencia nuestra, de la Síndone de Turín a las nueve horas cuarenta y cinco minutos de la mañana del veintiuno de abril de mil novecientos ochenta y ocho, y dos muestras de control procedentes de uno o de dos de los siguientes tejidos facilitados por el Museo Británico: tejido del siglo primero y del siglo décimo primero. La identidad de las muestras puestas en cada uno de los contenedores ha quedado registrada en un libro especial que será guardado en secreto hasta haberse efectuado las mediciones.»

• Según el cardenal Ballestrero, la comunicación oficial de los tres laboratorios llegó a Turín el 28 de setiembre de 1988. Y uno se pregunta: ¿por qué el custodio de la Síndone necesitó quince días para convocar la célebre rueda de prensa y hacer públicos los resultados de Oxford, Zurich y Arizona?

El cardenal Ballestrero (a la derecha) en la célebre rueda de prensa del 13 de octubre de 1988. Junto al cardenal de Turín, el profesor Gonella.

Una carta reveladora Naturalmente, como decía, los medios de comunicación ignoraron este sospechoso cúmulo de fallos e irregularidades en el proceso de datación por el carbono 14. Como ignoraron también la carta del profesor Tite, coordinador de los análisis, al asesor científico del cardenal de Turín, señor Gonella, en la que reconocía que el resultado no significaba que la imagen fuera una falsificación. El texto de dicho escrito (del 14 de setiembre de 1989) es muy revelador. Dice así:

«Querido profesor Gonella: Tras el reciente congreso de París, le escribo para recordarle que yo tampoco considero el resultado de la datación del Sudario de Turín como una demostración de que sea falso. Como usted subrayó correctamente, la calificación de «falso» envuelve una deliberada intención de engañar, mientras que la fecha del examen radiocarbónico no ofrece, claramente, ninguna evidencia a favor de esta tesis. Yo mismo quise evitar el uso de la palabra «falso». Pero me temo que la referencia al Sudario con ese término haya tenido su origen en los numerosos artículos periodísticos escritos a raíz de las entrevistas que yo concedí. Tengo sólo que pedirle que me excuse, una vez más, todos los problemas que esos artículos han producido a usted y a los demás de Turín. Me alegrará volver a encontrarle en París.»

Lo que no dice Michael Tite es que, al día siguiente de hacerse público el citado resultado de los laboratorios, él mismo convocó una rueda de prensa en el Museo Británico, y tachó a la Síndone de falsa...

Lo peor, sin embargo, no eran las gravísimas irregularidades en los análisis. Desde mi punto de vista, lo más absurdo y denigrante fue el hecho de que el C14 borrara de un plumazo casi un siglo de investigaciones. E historiadores y científicos se indignaron, con razón. ¿Es que esos trescientos experimentos —iniciados por Delage y Vignon en 1902— estaban equivocados? Por supuesto que no...

The British Museum

Research Laboratory

London WC1B 3DG   Telephone 01-636 1555 ext

Professor L. Gonella,
Dipartimento di Fisica
Politecnico di Torino
C.Duce degli Abruzzi 24
10128 TORINO
ITALY

Your reference

Our reference   MST/RH

Date   14 September

Dear Professor Gonella,   EXPRESS MAIL

Following our recent meeting in Paris, I am writing to put on record the
fact that I myself do not consider that the result of the radiocarbon
dating of the Turin Shroud shows the Shroud to be a forgery.   As you have
correctly pointed out, to describe the Shroud as a forgery implies a
deliberate intention to defraud and the radiocarbon dating clearly provides
no evidence in support of such a hypothesis.

I myself have always carefully tried to avoid using the word forgery in
discussing the radiocarbon dating of the Shroud but I fear that the
description of the Shroud as a forgery has still crept into a number of
newspaper articles based on interviews that I have given.   I can therefore
only apologise once again for any problems that such reports have caused
you and others in Turin.

I was very pleased to meet you and Professor Teatore again in Paris.

With best wishes.

Yours sincerely,

Michael Tite

M.S Tite

Un siglo
de investigación

3

Todos coinciden: inexplicable

La Sábana recibió polen de Jerusalén hace dos mil años.

Repasemos algunas de esas investigaciones científicas. La contundencia de las mismas no precisa de mayores comentarios.

El primer «encuentro» de la ciencia con la Sábana Santa —al menos, el primero conocido— tuvo lugar en la primavera de 1898. Todo sucedió por aparente casualidad, como siempre…

Con motivo de la boda de Víctor Manuel III, futuro rey de Italia, se organizan varios actos oficiales. Uno reúne piezas de extraordinario valor en una exposición de arte sacro. Dicha magna exposición está a cargo de Secondo Pía, un abogado turinés de cuarenta y tres años, pintor y aficionado a un arte que acaba de empezar:

Secondo Pía, primer fotógrafo
de la Sábana Santa.

la fotografía. Otro de los acontecimientos consiste en una ostensión de la Síndone. La apertura se registra el 25 de mayo del referido 1898. Tendrá una duración de ocho días. Secondo Pía comprende que se trata de una ocasión única y solicita fotografiar la imagen del Hombre muerto. Se produce una inicial oposición al proyecto de Pía. ¿Comerciar con la imagen de Dios?

El futuro rey, finalmente, acepta. Pero el fotógrafo fracasa en un primer intento, por problemas de iluminación y ubicación de la Síndone, colgada en el oscuro altar mayor de la catedral. El 28 de mayo, tras veinte minutos de exposición, Secondo Pía consigue su objetivo. Y a medianoche, al revelar los enormes negativos, el fotógrafo se queda perplejo. Dichos negativos, en realidad, son el positivo de la imagen. Al descubrir la increíble figura, la placa de oxalato de plata casi resbala entre los dedos de Pía. Son las primeras fotos de la Síndone. Pía comunica el «hallazgo» y la ciencia se moviliza. Y el mundo contempla, por primera vez, el verdadero rostro del Hombre muerto.

Y uno se pregunta: ¿había fotógrafos en la Edad Media? Por supuesto que no. La fotografía fue inventada en el siglo XIX. Estas fotografías, como digo, inquietan

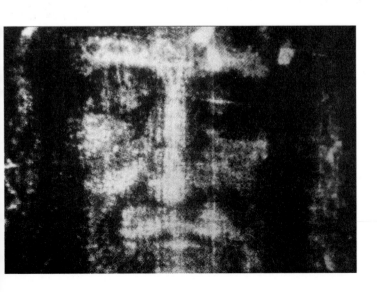

*En el negativo
de Secondo Pía
apareció el
verdadero rostro
del Hombre muerto.*

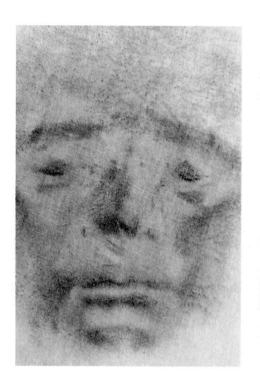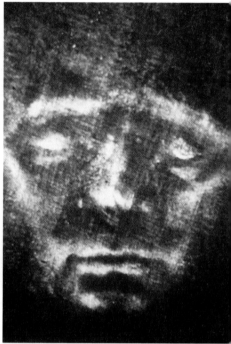

Las copias obtenidas por los científicos
son un desastre. No guardan relación
con la belleza y serenidad del rostro
de la Síndone.

*Copia de la estatua de Mattei, actualmente
en el Museo de la Sábana Santa, en Turín.*

a los científicos. Y dos de ellos inician una serie de experimentos. Son Yves Delage, profesor de anatomía comparada en la Universidad de la Sorbona, y Paul Joseph Vignon, biólogo y ayudante de Delage. Estudian las fotos de Secondo Pía e intentan reproducir la imagen del Hombre muerto. Lo hacen con pintura de aceite y acuarela. Es inútil; las copias son un desastre.

El 21 de abril de 1902, Delage se presenta ante la Academia de Ciencias de Francia y expone sus experimentos. A pesar de su agnosticismo, afirma que el «hombre del Sudario es Cristo». La Academia se niega a publicar sus declaraciones y experiencias.

Vignon toma el relevo y prosigue las investigaciones. Nace así la teoría de la «vaporigrafía»: la imagen se habría formado por la reacción química producida por la sangre, el sudor y las especias aromáticas utilizadas en el sepulcro. La urea provocó un vapor de amoníaco y éste, a su vez, ocasionó las manchas que forman la imagen.

La teoría ha sido rechazada por la comunidad científica.

Algodón entre las fibras El 2 de mayo de 1931, y durante veinte días, se celebra una nueva exposición (ostensión) de la Síndone. Es la boda del príncipe Humberto de Piedmont. Giuseppe Enrie, fotógrafo profesional, repite la aventura de Secondo Pía. Las fotos de Enrie darían la vuelta al mundo por su gran calidad. La negatividad de la imagen del Hombre muerto queda ratificada.

Treinta y ocho años más tarde (1969), la ciencia interviene de nuevo. Los días 16 y 17 de junio, una comisión formada por diez hombres y una mujer se acerca al lienzo y lo examina con tanta timidez como prudencia. Las órdenes del cardenal Pellegrino son tajantes: prohibido tocar la Síndone. Judica-Cordiglia hace fotos en color. Todos coinciden: la conservación del lino es inexplicable…

En 1973, finalmente, la ciencia puede tocar la Sábana Santa. Se extraen algunos hilillos y Max Frei, director del laboratorio científico de la policía suiza de Neuchatel, coloca cintas adhesivas sobre la orla del tejido.

Es la primera vez que los científicos ratifican las sospechas de Vignon: la imagen no es pintura. Allí no hay tintes ni pigmentación. Tampoco observan direccionalidad. De ser una pintura habría quedado la inevitable dirección del trazo de la mano del artista.

¿Qué es entonces?

Los microscopios ofrecen una respuesta: la imagen del Hombre muerto sólo afecta a las fibras más superficiales del lino. El descubrimiento deja nuevamente perplejos a los científicos. Y la teoría de la «vaporigrafía» se derrumba. Los vapores amoniacales que partieron del cadáver —según Vignon— tendrían que haber entrado por la totalidad de la urdimbre. La realidad no dice eso…

Pero hay más. Una de las fibras extraída de la Sábana Santa en aquel histórico noviembre de 1973 fue confiada al profesor Raes, director del laboratorio de Tecnología Textil de Meulemeester, de la Universidad de Gante (Bélgica). El microscopio, una vez más, reveló algo sorprendente: entre el lino hay fibras de algodón. Concretamente, del tipo *Herbaceum*, una planta conocida y cultivada en Oriente Medio en el siglo I. Y se desata otra polémica: ¿cómo es posible? El algodón no fue

En 1973, los científicos confirman las sospechas de Vignon: en la Síndone no hay pintura. Ray Rogers (izquierda) y Max Frei tomaron muestras de la tela.

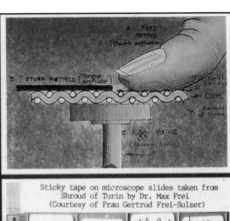

El tejido, al microscopio. Entre los hilos aparecen fibras de algodón.

*Los conquistadores
españoles vieron
comerciar a los
indios con ovillos
de algodón. ¿Cómo
se las ingenió el
supuesto falsificador
de los siglos XIII o XIV
para introducir
algodón en la
Síndone?*

introducido en Europa hasta bien entrado el siglo XV. Como se recordará, Colón y Hernán Cortés quedaron sorprendidos al ver comerciar a los indios americanos con ovillos de algodón.

Y surge una inevitable cuestión: ¿cómo se las ingenió el falsificador de los siglos XIII o XIV para introducir algodón entre las fibras de lino cuando aquella planta no existía aún en el Viejo Continente?

Max Frei El 23 de noviembre de 1973 entra en acción un hombre que, en mi opinión, fue vital: Max Frei, experto en Criminalística y profesor de la Universidad de Zurich. Como ya he dicho, Max tiene acceso a la Síndone. Coloca papel adhesivo sobre la tela y se lleva al laboratorio parte del polvo existente sobre una de las orlas. Examina dicho polvillo a través del microscopio electrónico y descubre toda suerte de hongos, esporas y polen. La idea de Frei era clara: tratar de reconstruir el itinerario seguido por la Síndone a lo largo de su historia y, justamente, con la ayuda del polen de las plantas. ¿Había estado en Israel? El polen era un elemento esencial para averiguarlo…

Max consigue identificar doce especies, todas europeas. Y al poco surge la sorpresa: allí está el *linum mucronatum*, el polen de una planta exclusiva de Turquía. Después llegaron otras nueve especies, también de Anatolia. Max Frei se traslada a Israel y verifica que uno de los pólenes existente en la Síndone —no registrado en los textos académicos— corresponde a una planta que sólo crece en Palestina: la «assueda». Ya no hay duda. La Sábana Santa estuvo en Israel. Le siguen otras especies, todas ellas propias de Tierra Santa.

Max comprueba que son plantas que desaparecieron hace dos mil años y cuyos pólenes han quedado sepultados en el fango del mar Muerto y en los estratos sedimentarios del lago Tiberíades. Son ejemplares halófitos, hoy extinguidos, cuyos pólenes fueron arrastrados por los vientos y quedaron anclados en la urdimbre de la tela. Es la única explicación.

En total, Max Frei encuentra en la Sábana Santa más de medio centenar de tipos de polen de una flora que existió, y que existe, en Israel, Edesa, Constantinopla, Francia e Italia, entre otros lugares. Es decir, los parajes por los que peregrinó el lienzo. Algo que ya sabíamos por la historia…

Y vuelvo a preguntarme: si la Sábana Santa recibió el polen de plantas de Israel hace dos mil años, ¿cómo se las arregló el falsificador medieval para obtener un polen ya extinguido? Es más: ¿cómo se las ingenió para seleccionarlos si el microscopio no estaba inventado?

Los hallazgos de Max Frei fueron determinantes. La presencia del polen en la Síndone debería haber sido más que suficiente para silenciar a cuantos niegan la autenticidad del lienzo. Pero el C14 siguió eclipsando estos decisivos descubrimientos científicos. Tampoco era de extrañar, al

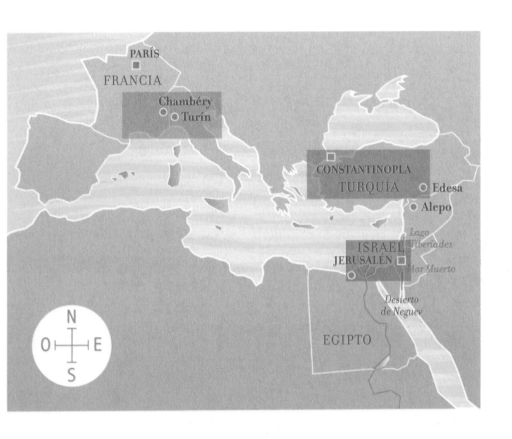

El polen descubierto por Max Frei
demuestra que la Sábana Santa
estuvo en Israel en el siglo I.

*El polen encontrado
por Frei en el mar
Muerto ratifica
la presencia de la
Síndone en
Jerusalén hace
dos mil años.*

Los científicos fracasaron al copiar la imagen de la Sábana Santa.

tratarse de la supuesta imagen de Jesús de Nazaret. Si la Síndone hubiera contenido la figura de Napoleón o Ramsés II, el enigma se habría zanjado rápidamente...

Pero las sorpresas continuaron. ¡Y de qué forma!

Las copias: un desastre La ciencia, naturalmente, lo intentó. Era fácil, —dijeron—. Era muy simple la reproducción de una imagen como la que aparece en la Sábana Santa. Y emplearon toda clase de procedimientos: pinturas, soluciones acuosas, calcos sobre cadáveres e impresiones al fuego. Los resultados, como es fácil apreciar en la imagen, son decepcionantes. Ninguna de las copias presenta la belleza, la serenidad y la perfección del Hombre muerto.

Y vuelvo a preguntarme y a preguntar a los escépticos: ¿cómo se las ingenió el supuesto falsificador de los siglos XIII o XIV para obtener una figura tan precisa y delicada? ¿Disponía quizá de una tecnología más avanzada que la del siglo XX? La razón dice que no. En consecuencia, algo falla en el carbono 14...

También en 1973 se llegó a otras no menos interesantes conclusiones. En la Síndone, por ejemplo, no hay un solo indicio de putrefacción. ¿Cómo era posible?

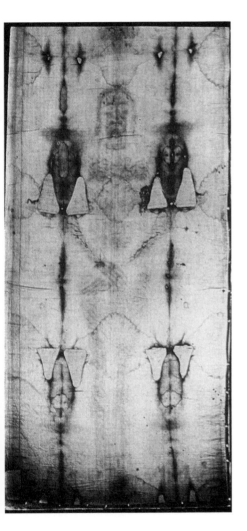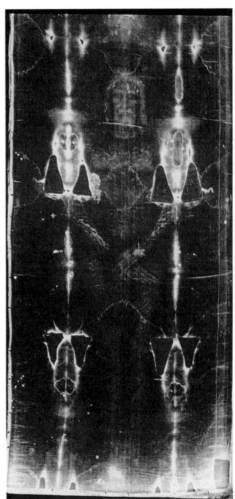

*A la izquierda, imagen original,
tal y como aparece en el Lino.
A la derecha, el positivo de dicha imagen.*

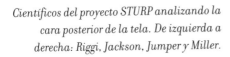

Científicos del proyecto STURP analizando la cara posterior de la tela. De izquierda a derecha: Riggi, Jackson, Jumper y Miller.

Ray Rogers, del laboratorio nacional de Los Álamos, en Estados Unidos, fue más allá: si la imagen era el resultado de la aplicación a la tela de moléculas orgánicas —bien de origen natural o artificial—, ¿cómo explicar que el intenso calor generado por el incendio de Chambéry no hubiera modificado su color? Incluso las zonas que estuvieron en contacto con las gotas de plata fundida conservan la misma tonalidad y densidad que el resto...

De haber sido una falsificación, esas regiones aparecerían claramente alteradas o descoloridas.

Y llegó otro gran momento...

El proyecto «STURP» La ciencia, tenaz, dio un paso más: el llamado proyecto STURP (Investigación de la Sábana Santa de Turín). Octubre de 1978. Un nutrido grupo de científicos consigue aproximarse al lienzo. Muchos pertenecen a la NASA. Previamente habían estudiado la imagen, merced a las fotografías de Enrie. Pero era preciso tocar el lino. Era vital que la tecnología más depurada consiguiera bucear en la urdimbre de la Síndone. Y así fue. Y, una vez más, los resultados impresionaron a los expertos.

Entre 1978 y 1982, el equipo del STURP llevó a cabo veintisiete publicaciones en revistas científicas tan prestigiosas como *X-Ray Spectrometry*, *Applied Optics* y *Analytica Chimica Acta*. Veamos, muy por encima, algunos de estos asombrosos hallazgos:

En la imagen del Hombre muerto se observan numerosos coágulos, manchas y reguerillos de sangre. Pues bien, nadie ha logrado explicar por qué esos coágulos aparecen intactos y con los bordes perfectamente definidos. Si aceptan la hipótesis del robo del cadáver, dichas manchas tendrían que haber sufrido las lógicas roturas y desflecados.

Científicos como Heller, Adler y Baima Bollone llegan a una conclusión: la sangre es humana. Las pruebas de «microespectrometría» revelan que allí hubo hemoglobina. Y he dicho bien: la «hubo». Alguna causa desconocida anuló o desnaturalizó los elementos que caracterizan la sangre, pero dejó las manchas. Al introducir un escáner entre el lienzo y el forro cosido por las monjas clarisas de Chambéry, se observa que la sangre había penetrado también en el reverso del lienzo, algo ignorado hasta esos momentos. Y en las fotografías tomadas por Pellicori y Miller (fluorescencia ultravioleta) surge otro desconcertante hallazgo: unos perfiles fluorescentes que ponen de manifiesto la presencia de la

La sangre de la
Síndone es humana.

Octubre de 1978.
Un camión con
instrumental
científico llega
al Palacio del
Renacimiento,
en Turín.

Sangre venosa y arterial. ¿Cómo lo sabía el falsificador medieval?

albúmina del suero sanguíneo. Y las analíticas y pruebas hematoscópicas demuestran, además, que la sangre es del grupo AB, muy común entre los judíos. Hay sangre venosa y arterial, perfectamente diferenciadas. Y el veredicto del carbono 14 queda de nuevo en ridículo.

¿Qué falsificador de los siglos XIII o XIV tenía la capacidad para aislar y distinguir el grupo AB? En esa época, nada se sabía de la albúmina del suero sanguíneo o de la sangre venosa y arterial. Como se recordará, fue mucho después —en el siglo XVI– cuando el español Miguel Servet descubrió la circulación pulmonar de la sangre.

Se sabía que la imagen del Hombre muerto no contenía rastro alguno de pintura. Aun así, los expertos del proyecto STURP quisieron cerciorarse. Y buscaron posibles pigmentos o restos orgánicos. Negativo. El aparato de rayos X que investigó sobre la Síndone no halló manchas o restos de origen orgánico o inorgánico. Y la Síndone fue sometida al ataque de los más variados y potentes reactivos químicos. Las muestras no sufrieron alteración. Aquello era asombroso…

Tampoco el agua la desestabilizó, tal y como había ocurrido a raíz del incendio de Chambéry, en 1532.

La sangre de la Síndone es AB,
un grupo muy común entre los judíos.

Enésima sorpresa: la imagen
es tridimensional.

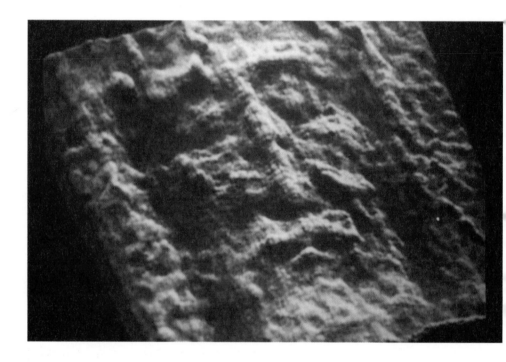

El falsificador medieval, efectivamente, fue un «genio»...

De sorpresa en sorpresa Fueron los entonces capitanes Jackson y Jumper (pertenecientes al STURP) quienes descubrieron otra increíble singularidad de la Sábana Santa. Al detectar dicha anomalía —según sus propias palabras—, sus esquemas mentales y religiosos (no eran católicos) se vinieron definitivamente abajo. Al examinar la figura con el VP-8, una compleja computadora utilizada por la NASA para el análisis de las fotografías recibidas del planeta Marte, los científicos comprobaron que la imagen del Hombre muerto era tridimensional.

¿Una imagen tridimensional en una supuesta falsificación medieval?

Al contrario de lo que ocurre con una fotografía normal y corriente, la imagen del Hombre muerto conserva una información «subterránea», sólo detectable con los ordenadores. La imagen del Hombre muerto no es plana, como sucede con las fotos habituales. En aquel caso, la intensidad luminosa de cada punto es diferente, dependiendo de la distancia del cuerpo al lienzo.

El descubrimiento fue tan asombroso que los capitanes de la USAF repitieron el experimento una y otra vez, utilizando, incluso, voluntarios envueltos en sábanas. Y el microdensímetro escandidor y el VP-8, la computadora utilizada para la recepción y recomposición de los millones de dígitos, arrojaron siempre el mismo resultado: las zonas del lienzo que tocaban el cadáver —la nariz, por ejemplo— disfrutaban de una luminosidad superior a las que se hallaban más alejadas del cuerpo.

¿Qué falsificador de la Edad Media estaba capacitado para crear una imagen que escondiera el fenómeno de la tridimensionalidad? Nadie, en su sano juicio, puede admitir algo semejante.

En el aire Y Jackson y Jumper fueron a descubrir algo más; otro singular «detalle» en esta desconcertante caja de sorpresas. Al examinar las espaldas del Hombre muerto comprobaron que los músculos dorsales y deltoides aparecían extrañamente abombados. Lo lógico es que se hubieran presentado totalmente aplastados, como consecuencia de la presión del cuerpo sobre la losa del sepulcro.

Esto llevó a los científicos a la siguiente deducción: durante el proceso de formación de la imagen, el cadáver tuvo que permanecer inmóvil e ingrávido. Es decir, ¡en el aire!

Al principio, los científicos pensaron en una radiación que partió del cadáver...

Todo un «detalle» que no fue contemplado por el más que supuesto falsificador de los siglos XIII o XIV.

La formación de la imagen Y llegamos a uno de los puntos clave: ¿cómo pudo formarse la imagen del Hombre muerto?

Al explorar los hilos de la Síndone, los expertos quedaron desconcertados por enésima vez. ¿Cómo era posible que sólo dos o tres, de las doscientas fibras que integran cada hilo, estuvieran chamuscadas?

¡Dos o tres y las más superficiales! ¡Sólo dos o tres fibras eran las responsables de la formación de la imagen!

El hallazgo, como digo, dejó perplejos a los científicos. Esto sólo podía significar una cosa: la imagen del Hombre muerto se había formado por una radiación que partió del interior del cuerpo. Una radiación desconocida, intensa y brevísima que, según todos los indicios, chamuscó superficialmente el lino. Una radiación que se propagó verticalmente (sólo la proyección vertical provoca una imagen de esta naturaleza). Una radiación —según Jackson— ultracorta (quizá rayos UV o X): la única explicación para la alta definición de la imagen. Una radiación cuyos fotones podrían haber degradado la celulosa y amarilleado esa parte del lino. Al examinar las

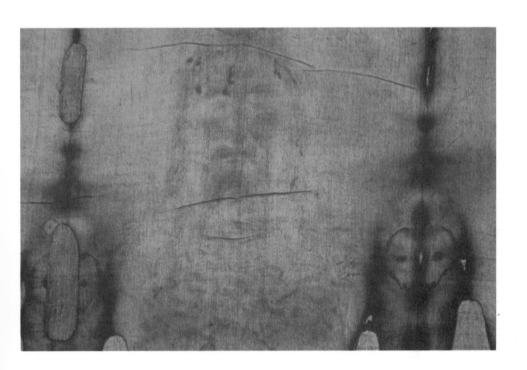

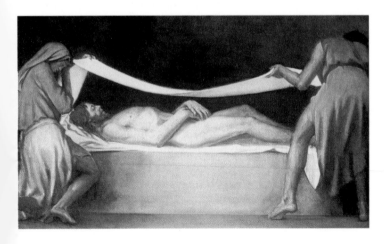

*«Algo» singular
y desconocido
deshidrató
superficialmente
el lino, provocando
la formación de la
imagen.*

Ningún falsificador medieval
hubiera podido deshidratar
el lino superficialmente

›

fibras con el microscopio de contraste de fases, los científicos, efectivamente, se percataron de algo muy sutil: las hebras, en realidad, no estaban quemadas, sino deshidratadas. Envejecidas y oxidadas en centésimas de segundo. En suma: se habían vuelto amarillas, exactamente igual que amarillea el lino con el paso del tiempo. El resto de las fibras, sin embargo, conservaba la frescura y el color más claro, propios de un lino no envejecido artificialmente. Lo que los ojos aprecian en la Síndone, por tanto, no es otra cosa que un cambio de tonalidad en las referidas fibras superficiales.

Asombroso, sí...

La imagen del Hombre muerto tiene su origen en un singular mecanismo de envejecimiento. Alguien o algo aceleró la descomposición del lino. Y lo hizo de forma infinitesimal. En 1989, el referido doctor Jackson lo anunció en París: «... existe una evidencia científica a favor de que el cuerpo desapareció misteriosamente con una emisión ultravioleta de muy corta duración».

Yo voy más allá y sospecho que esa desaparición del cadáver fue una manipulación del tiempo. «Alguien» abrevió el proceso de descomposición de los restos mortales y lo redujo a centésimas de segundo. Y en ese inexplicable proceso (inexplicable para la ciencia actual) surgió la imagen del Hombre muerto. Ese inexplicable proceso, justamente, fue el que alteró las fibras más superficiales del lino, envejeciéndolas.

Quizá, algún día, esta hipótesis de trabajo pueda ser demostrada en el laboratorio...

De lo que no cabe la menor duda es de que un falsificador medieval no habría tenido posibilidad de deshidratar dos o tres fibras superficiales de la Sábana Santa, manteniendo el resto en su estado natural. Para ello, como mínimo, habría necesitado de un microscopio. ¿Un microscopio entre los años 1260 y 1390? Que yo sepa, el invento del microscopio fue atribuido al holandés Zacharias Jansen, óptico de Middelburg, en 1590. Para otros se descubrió en 1610...

Monedas en los ojos Y fueron estos mismos capitanes de las Fuerzas Aéreas norteamericanas, Jumper y Jackson, quienes descubrieron la primera pista de un hallazgo que me atrevo a calificar de definitivo y que fija la fecha de aparición de la imagen del Hombre muerto. Sucedió mientras trabajaban con la referida tridimensionalidad. De pronto aparecieron dos círculos.

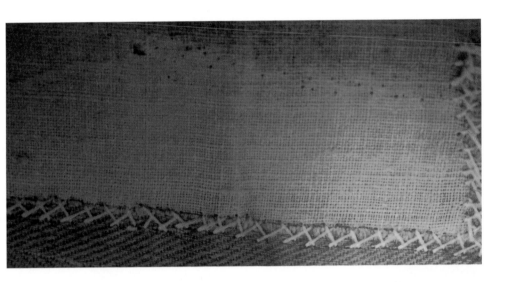

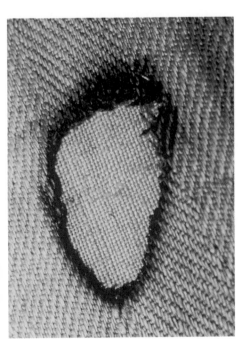
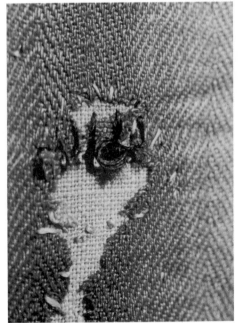

«Alguien», en mi opinión, manipuló
el tiempo, haciendo desaparecer el cadáver
en centésimas de segundo.

¿Se trataba de monedas? Ésa, justamente, era la costumbre judía. Las monedas o trozos de arcilla, colocados sobre los párpados, han sido descubiertos en numerosos enterramientos.

Las ampliaciones fotográficas no dejaron lugar a la duda: eran círculos (el del ojo derecho, mucho más nítido). Y en 1979, el padre Francis L. Filas (jesuita) aseguró que eran monedas. El momento culminante se produce cuando un especialista en numismática —Michael Marx, de Chicago— identifica cuatro letras, «en corona», alrededor de la curva de un *lituus* o bastón de astrólogo. Las letras —UCAI— eran idénticas a las que presentan los leptones, unas pequeñas monedas de bronce de dos gramos de peso y quince milímetros de diámetro. Unas monedas acuñadas por Poncio en la provincia romana de la Judea entre los años 29 y 32.

UCAI forma parte de la leyenda TIBERIOU CAISARIS, es decir, «DE TIBERIO CÉSAR», el emperador que gobernaba en el año 30, fecha de la muerte de Jesús de Nazaret.

Ahí estaba el dato definitivo: la Sábana Santa fue utilizada en el siglo I para envolver el cadáver de un Hombre ajusticiado al que le cerraron los párpados según el ritual judío.

Los expertos en numismática certificaron el hallazgo de Filas.

203

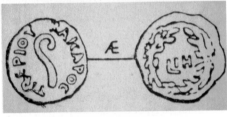

El leptón colocado sobre uno de los ojos fue acuñado por Poncio.

Y me pregunto nuevamente: ¿cómo sabía el falsificador medieval que Jesús de Nazaret murió en el año 30 de nuestra era? La fecha de la crucifixión(el 7 de abril del citado año 30) fue establecida por exégetas e historiadores en el siglo XX...

¿Se equivocó el C14? Está claro que sí, aunque el error —quién sabe— pudo ser involuntario. Y me explico. Los científicos de Oxford, Zurich y Arizona dataron el lino entre los citados años 1260 y 1390 sin tener en cuenta lo que ya he mencionado: es más que probable que el misterioso fenómeno que provocó la imagen «rejuveneciera», al mismo tiempo, la totalidad o buena parte de la tela. Esa energía —o lo que fuera— multiplicó los índices de C14 y distorsionó la datación. En este caso, el experimento por carbono 14 no tendría ninguna validez.

*Sobre los ojos del Hombre de la
Síndone fueron descubiertas
sendas monedas.*

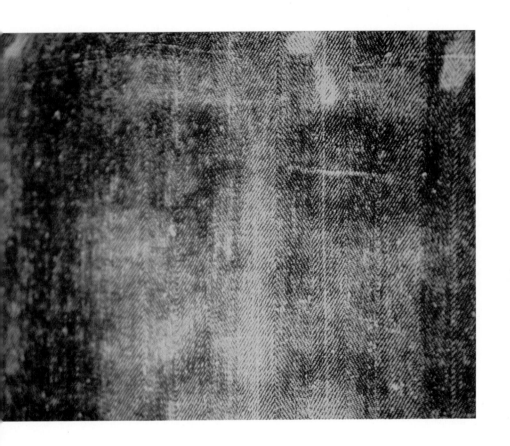

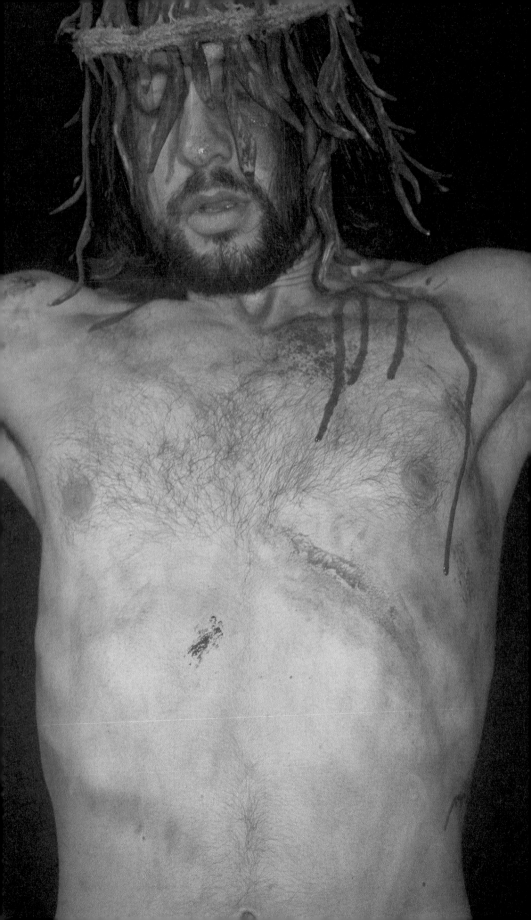

Mucho más de lo que imaginamos

4

La pasión, según la ciencia

Resulta evidente. La ciencia ha dicho sí a la autenticidad de la Sábana Santa antes de que se produjeran los análisis por C14. Para el que lo quiera ver, el lienzo sí es del siglo I. En cuanto a la formación de la imagen del Hombre muerto, he aquí la clave del enigma. Algo que no ha sido despejado, por el momento…

Pero hay más. Ese «algo» o «alguien» que modificó el tiempo, envejeciendo el lino, nos regaló también una «fotografía» única. Una «fotografía» que recuerda el horror padecido por aquel Hombre y que desmonta, una vez más, el veredicto del C14.

Permítame que me asome a esa increíble «fotografía». Lo que vamos a contem-

La agonía se prolongó durante hora y media.

plar es mucho más de lo que asegura la tradición. Mucho más de lo que imaginamos...

Getsemaní Cercana la medianoche del jueves al viernes, aquel Hombre se retiró a lo más profundo del olivar. Y una intensa angustia –quién sabe si miedo– lo clavó a tierra. El fortísimo estrés terminaría provocando un fenómeno singular: la hematidrosis, un sudor sanguíneo que cubrió parte de su piel y que empezó a debilitarlo. Los capilares se rompen y la sangre empapa rostro, manos, pies, axilas, cuello, etc. La deshidratación está en marcha...

Casa de Anás Y al estudiar el rostro de la Síndone, los médicos descubren otro detalle aterrador. Durante el interrogatorio en la casa de Anás, ex sumo sacerdote, Jesús no recibió una bofetada, como reza la tradición, sino un violento bastonazo, propinado por uno de los criados. El esbirro, según las investigaciones, se hallaba a la derecha del Maestro y utilizó la mano izquierda. Los judíos, como es sabido, escribían de derecha a izquierda, y ejercían, por tanto, un mayor control sobre la referida mano izquierda. El palo, de unos cinco centímetros de diámetro, hundió la nariz y provocó un gran hematoma en el pómulo derecho. Así quedó reflejado en la «fotografía» de la Sábana Santa.

Pero lo peor estaba por llegar...

Fortaleza Antonia Y al examinar las imágenes frontal y dorsal, patólogos y forenses palidecieron. Aquel Hombre había sido azotado brutalmente. Algunos expertos han contado 120 golpes. Otros creen que recibió más de doscientos. Golpes secos, potentísimos, que afectaron, incluso, a los testículos y al coxis. Golpes lanzados por dos verdugos, con látigos rematados en las puntas de las correas por bolas de plomo y astrágalos de carnero. Golpes diabólicamente estudiados que no afectaron la zona del corazón, evitando así la muerte prematura del reo. Golpes salvajes que desgarraron piel y tejidos, que provocaron una copiosa hemorragia y, con toda probabilidad, varios desvanecimientos. La debilidad se intensifica. La infección se generaliza. Aparece la fiebre. Escalofríos. Riesgo de ángor o angina de pecho.

El «mapa» de la flagelación que podemos contemplar en la imagen de la Síndone no precisa de mayores comentarios. El dolor tuvo que ser paroxístico. Los médicos, sencillamente, no entienden cómo sobrevivió.

En el patio de esa misma fortaleza Antonia, cuartel general romano en Jerusalén durante la Pascua judía, tiene lugar otro suceso no menos doloroso y humillante:

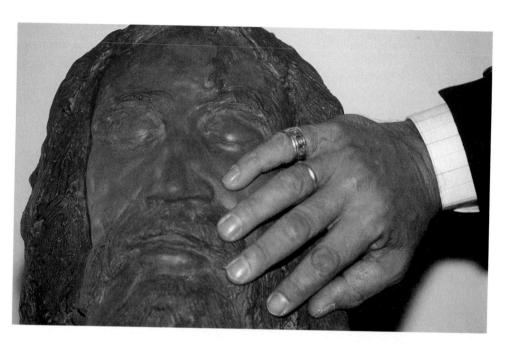

Jesús no recibió una bofetada.
El esbirro de Anás lo golpeó con un palo.

*Réplica de uno de los látigos
utilizado en la flagelación del
Hombre de la Síndone.*

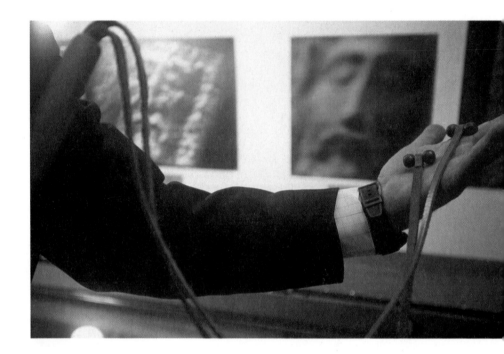

*Bolas de plomo remataban
cada látigo. Al caer
desgarraban el tejido.*

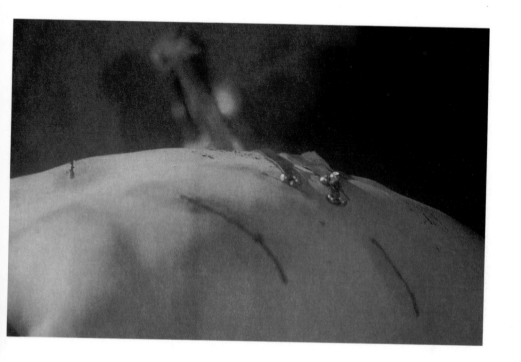

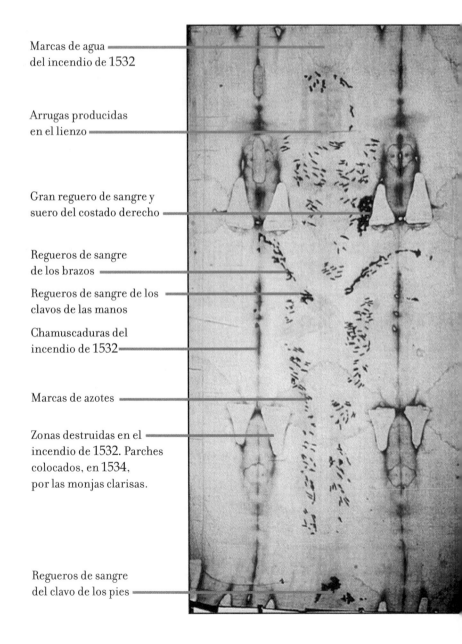

Marcas de agua del incendio de 1532

Arrugas producidas en el lienzo

Gran reguero de sangre y suero del costado derecho

Regueros de sangre de los brazos

Regueros de sangre de los clavos de las manos

Chamuscaduras del incendio de 1532

Marcas de azotes

Zonas destruidas en el incendio de 1532. Parches colocados, en 1534, por las monjas clarisas.

Regueros de sangre del clavo de los pies

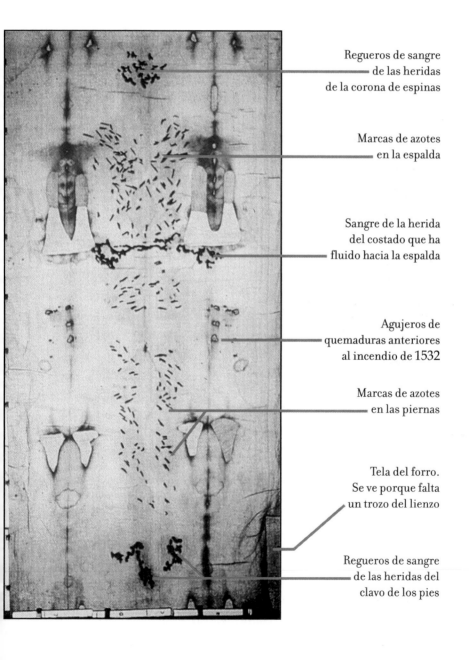

Regueros de sangre
de las heridas
de la corona de espinas

Marcas de azotes
en la espalda

Sangre de la herida
del costado que ha
fluido hacia la espalda

Agujeros de
quemaduras anteriores
al incendio de 1532

Marcas de azotes
en las piernas

Tela del forro.
Se ve porque falta
un trozo del lienzo

Regueros de sangre
de las heridas del
clavo de los pies

*El Hombre de la Sábana fue coronado
con un «casco» de espinas. Algo
mucho más doloroso que una corona.*

la mal llamada coronación de espinas. Y digo bien: mal llamada porque, a la vista de lo que aparece en la Sábana Santa, aquel Hombre no recibió una corona, sino un casco de espinas, fabricado con *Poterium spinosum*, una zarza muy abundante en Palestina; un matorral armado con púas rectas y en forma de «pico de loro» de hasta seis centímetros de longitud.

Y el «yelmo» fue encajado sin piedad en la cabeza del Hombre, afectando así a nuca, cuero cabelludo y frente. La hemorragia es importante. Nueva debilitación general. Las marcas en la Síndone son elocuentes. El dolor, en una región tan vascularizada, fue intensísimo.

Y no tengo más remedio que regresar sobre el asunto del C14. ¿Cómo pudo saber el falsificador medieval que aquel Hombre fue coronado con un «casco»? La tradición pictórica no dice eso. Y hablando de tradición pictórica, ¿desde cuándo en la Edad Media se pintaba a los crucificados con una «cola de caballo»? Eso, en definitiva, es lo que vemos en la imagen dorsal: el Hombre muerto presenta una larga trenza, tal y como recoge la tradición judía sobre el peinado. A un supuesto falsificador, naturalmente, no se le habría ocurrido «crear» una imagen que fuera contra las costumbres.

Algunas de las púas del «casco»
alcanzaban seis centímetros de longitud.

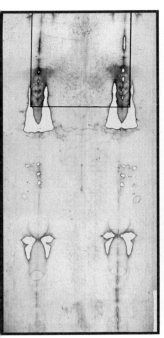
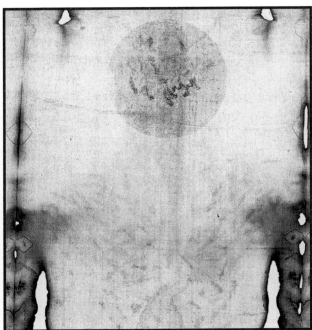

Región dorsal de la imagen. En el círculo, las huellas de sangre en la nuca y cuero cabelludo.

El hombre de la Sábana cargó un solo madero. No se trataba de una cruz completa.

Las manos sujetas al patibulum hicieron más dolorosas las caídas.

Camino del Calvario Y el martirio prosigue...

Maltrecho, debilitado y febril, el reo se ve obligado a cargar sobre los hombros el madero transversal de la cruz: el *patibulum*. Un tronco áspero y agresivo de unos treinta y cinco o cuarenta kilos de peso. Un madero que presiona el casco de espinas y provoca nuevas lesiones. La hemorragia continúa. También la deshidratación y la fiebre. El corazón avisa.

El Hombre es amarrado con una cuerda que, a su vez, tras rodear el tobillo derecho, lo vincula a los dos terroristas (zelotas) que lo acompañan hasta el lugar de ejecución. Y en esos quinientos o seiscientos metros, la tortura de las caídas, los violentos impactos del rostro contra las piedras, las rodillas destrozadas, los dientes quebrados y los mechones de la barba arrancados por los soldados, al intentar levantarlo. La imagen de la Sábana Santa es fría y certera. Hombros y omóplatos, a pesar de la túnica que los protegía, resultaron excoriados. La «fotografía» es implacable.

En las rodillas, talón y nariz, la investigadora María Gracia Siliato encontró muestras de aragonito, uno de los componentes de la tierra de Jerusalén. Las caídas, en efecto, aparecen reflejadas en la Síndone.

Y vuelvo a preguntarme: ¿se trasladó el falsificador de los siglos XIII o XIV a Jerusalén para tomar granos de aragonito y depositarlos en las referidas zonas de la imagen? ¿Cómo sabía que aquel Hombre cargó un *patibulum*? La tradición pictórica muestra a un Jesús con la cruz completa (una tradición errónea).

El C14, efectivamente, es una solemne tomadura de pelo...

Gólgota Según los médicos, algo falló al ser crucificado. El hallazgo resultó estremecedor. Al parecer, el largo clavo de hierro de unos veinte o veinticinco centímetros de longitud, utilizado para clavar la muñeca derecha, tropezó con un nudo. Y fue retirado y martilleado de nuevo. Y el Hombre de la Sábana fue atravesado —no por las palmas de las manos, sino por las muñecas— bien por el llamado «espacio de Destot» o por la articulación radio cubital inferior. El primer médico que se percató de este importante «detalle» fue el francés Pierre Barbet. Examinó las fotografías de Enrie (1931) y probó con cadáveres. Al perforar las manos, el peso del cuerpo las desgarraba. No ocurría lo mismo si los clavos penetraban por las muñecas. Y los médicos quedaron desconcertados, una vez más...

Clavo similar al utilizado en la crucifixión: sección cuadrada y entre 20 y 25 cm de longitud.

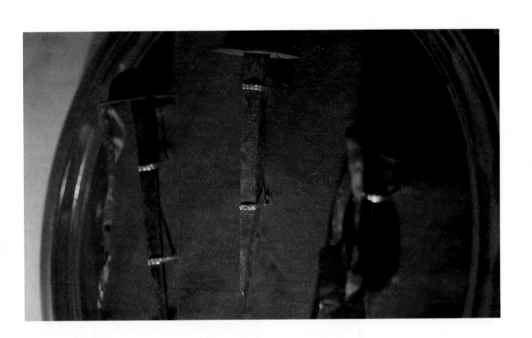

Las crucifixiones fueron prohibidas en el siglo IV. ¿Cómo pudo recordar los detalles un falsificador del siglo XIII o XIV?

221

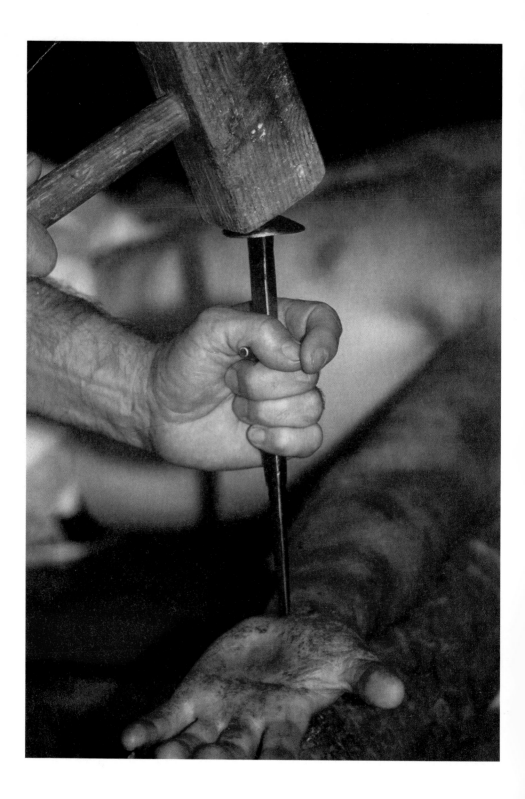

El Hombre de la Síndone fue clavado por las muñecas.

La tradición pictórica y escultórica está equivocada. Al clavar el cuerpo por las palmas, éstas se hubieran desgarrado.

¿Por qué la Síndone no se ajusta a lo descrito por la tradición? Jesús de Nazaret siempre ha sido pintado o esculpido con los clavos en mitad de las palmas de las manos. ¿Qué clase de falsario tenía estos conocimientos anatómicos si las crucifixiones fueron prohibidas por Constantino en el año 336 de nuestra era? ¿Cómo pudo recordarlo mil años después?

¿Y qué decir de las manos de «cuatro dedos» (sin pulgares) que presenta la imagen del Hombre muerto? Según la medicina, la ausencia de esos dedos es lógica. Al herir el nervio mediano con los clavos de las muñecas, se registra la inmediata y permanente flexión de los referidos dedos pulgares. Por eso no aparecen en la Sábana Santa. El falsificador medieval, obviamente, no podía saberlo. En 1968, en Jerusalén, el profesor Haas, de la Universidad Hebrea, hacía un descubrimiento que ratificaba lo indicado en la imagen sindónica.

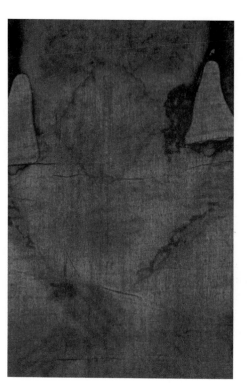

En las manos de la Sábana Santa no se distinguen los pulgares. Otro signo de autenticidad.

En aquella oportunidad fue hallado el esqueleto de un tal Jehohanan, crucificado por los romanos en la gran revuelta del año 70 de nuestra era. Pues bien, ante la sorpresa general, se demostró que el judío había sido crucificado con clavos y, justamente, por donde señala la imagen de la Sábana: por las muñecas, entre los huesos del radio y del cúbito (el primero de estos huesos presentaba una importante rozadura o deformación, provocada, sin duda, por la intensa fricción contra el clavo al tratar de incorporarse una y otra vez para tomar aire). La arqueología demostraba que la figura del Hombre muerto es correcta, con detalles anatómicos imposibles de falsificar en la Edad Media.

Con el tercer clavo —según los médicos— no hubo problemas. Entró limpiamente y cosió ambos pies al madero vertical. Y la pierna izquierda permaneció flexionada. Así aparece en la Sábana Santa, como consecuencia del *rigor mortis*. Pero, en la antigüedad, los que observaron la imagen de la Síndone, al descubrir que una pierna parece más corta que la otra, consideraron que Jesús de Nazaret era cojo. En la imagen del Hombre muerto, el talón izquierdo se encuentra más alto que la marca dejada por el derecho. Y durante

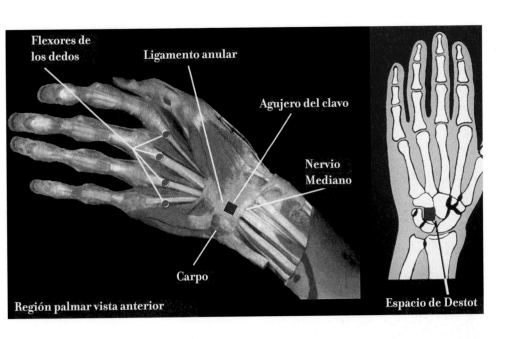

Flexores de los dedos

Ligamento anular

Agujero del clavo

Nervio Mediano

Carpo

Región palmar vista anterior

Espacio de Destot

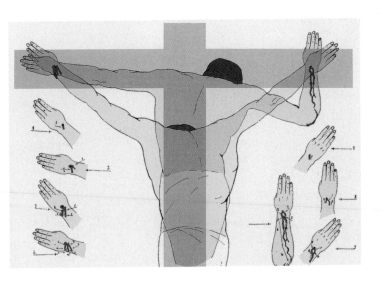

Las diferentes direcciones de los reguerillos de sangre indican las posiciones del cuerpo en la cruz, obligado por la creciente asfixia.

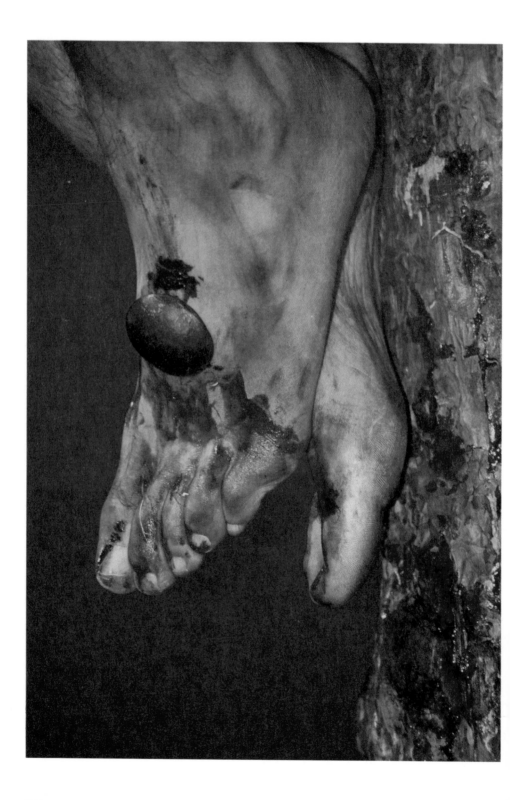

El tercer clavo entró limpiamente,
cosiendo los pies a la madera.

❮

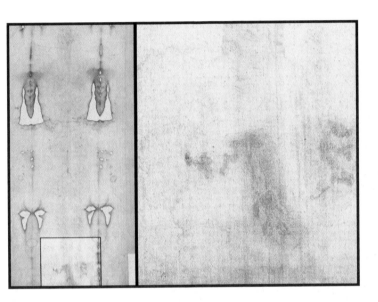

En la imagen
superior, huella
completa de la
planta del pie, tal
y como se aprecia
en la Síndone.
Imagen inferior:
zona de salida
del clavo.

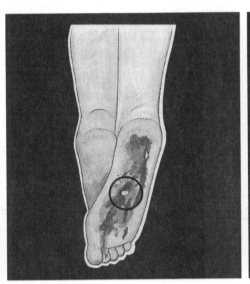

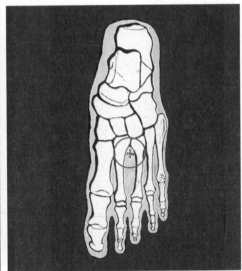

siglos —como consecuencia de este error al interpretar la figura—, los pantocrátor medievales mostraron a Jesús con una pierna más corta que la otra.

Basándose en este supuesto defecto físico, el Talmud babilónico (siglo IV), refiriéndose a «Balaam» (Jesús de Nazaret), lo califica de «cojo». ¿De dónde pudo extraer este alias el texto judío? Únicamente de la imagen de la Sábana Santa. Que yo sepa, no existe ningún otro documento o testimonio que haga referencia a dicha cojera.

También las cruces del rito ortodoxo recuerdan este viejo y erróneo concepto sobre un Jesús «cojo». Muchas de ellas, como las que rematan los tronos de los zares o las cúpulas del Kremlin, han sido dotadas de un tercer palo —en la parte inferior y sensiblemente inclinado— como señal de respeto ante la referida y supuesta cojera del Maestro.

Muerte por asfixia Y el final se acerca…

El suplicio alcanza entonces (15 horas) unos límites difíciles de imaginar. El reo necesita respirar. Para ello sólo dispone de un sistema: apoyarse en el clavo que taladra los pies y alzarse a pulso —milímetro a milímetro— con la ayuda de los clavos que perforan las muñecas.

Los médicos enmudecen…

Los dolores no pueden ser descritos con palabras.

El Hombre consigue capturar una bocanada de aire y cae violentamente. Al girar las muñecas, la sangre cambia de dirección y surge un segundo reguerillo. La imagen de la Síndone es certera. En cuanto al falsificador medieval, sencillamente, «genial»…

El corazón bombea desesperadamente y alcanza las 180 pulsaciones por minuto. Y a la vez, calambres en brazos, tórax, hombros y piernas. La tetanización lo va consumiendo.

A los diez o doce minutos de iniciada la crucifixión, pérdida de conocimiento. Pero el Hombre se recupera.

Nueva lucha por obtener un poco de oxígeno. La tetania, finalmente, gana la batalla: las piernas quedan inutilizadas. Ahora sólo puede alzarse con el auxilio de los clavos de las muñecas y los músculos de los hombros.

Jadeos desesperados.

La asfixia lo abraza. Piel y labios se tornan azules. El cataclismo es generalizado.

Finalmente, el corazón se rompe.

La agonía se ha prolongado durante hora y media. Noventa minutos eternos…

Los médicos, perplejos, siguen mudos.

Lanzada. El Hombre
ya estaba muerto.

La lanzada Pero el espanto y la humillación no han concluido. Uno de los soldados alancea el costado derecho del crucificado. No responde. Los médicos exploran la imagen de la Síndone y se muestran de acuerdo: al recibir la lanzada, el Hombre ya estaba muerto. Por eso los márgenes de la herida (de 4,4 x 1,4 centímetros) no aparecen hinchados. La forma elíptica se debe a los rebordes o aletas del extremo del hierro («lancía»).

Los expertos llegan a otra conclusión: la lanza resbaló por encima de la sexta costilla, atravesó pulmón y corazón y abrió la aurícula derecha. Era el «golpe de gracia». Una forma de asegurar que el reo no fingiera la muerte.

«...Y manó sangre y agua.»

Sangre de la vena cava superior y agua o líquido seroso del pulmón.

Y pregunto de nuevo: ¿cómo sabía el falsificador medieval que en una persona recién fallecida se acumulan entre doce y catorce centímetros cúbicos de sangre en la aurícula derecha?

Después, en el descendimiento o en el traslado al sepulcro, por efecto de la gravedad, la vena cava inferior se vació igualmente. Y ese reguero se observa también en la cintura (parte dorsal) del Hombre muerto.

Imágen de la lanzada. De haber estado vivo, los márgenes de la herida aparecerían hinchados.

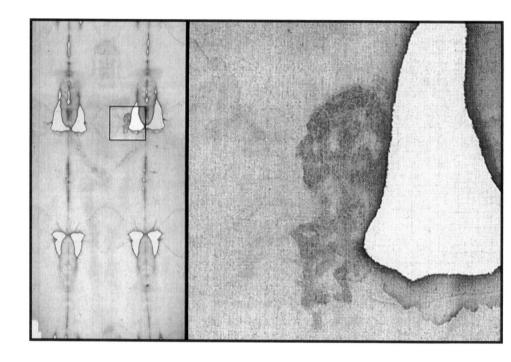

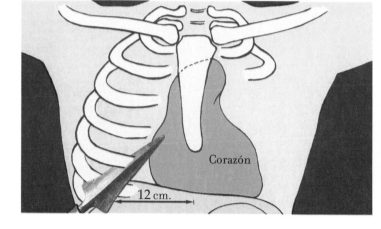

El hierro resbaló por encima de la sexta costilla.

Corazón

12 cm.

En el descendimiento, o en el traslado al sepulcro, la sangre se vació de la vena cava inferior. ¿Cómo pudo tenerlo en cuenta el falsificador medieval?

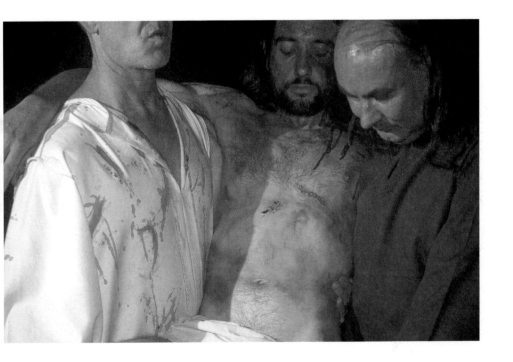

Un «genio» medieval

A la vista de lo expuesto podemos concluir: el referido falsificador de los siglos XIII o XIV era un «genio». Veamos por qué:

• «Fabricó» una imagen en negativo, adelantándose a su época. Los ingleses Prince y Picknett afirman que fue Leonardo da Vinci quien elaboró en realidad esta imagen, «autofotografiándose». Estos «genios» británicos no saben que Leonardo nació en el año 1452. Es decir, un año antes de que la Sábana Santa fuera cedida a la casa de Saboya (22 de marzo de 1453). Da Vinci era un genio, es cierto, pero pretender que inventara la fotografía con un solo año es demasiado...

• Sin microscopio alguno consiguió detectar y seleccionar varias decenas de pólenes que, para colmo, se habían extinguido en el siglo I. Viajó a Israel, Turquía, etcétera, y tras hallarlos, los depositó en la urdimbre de la tela.

• En plena Edad Media elabora una imagen que encierra una información tridimensional.

• En un alarde «tecnológico», el falsario deshidrata dos o tres fibras superficiales, de las doscientas que integran cada hilo, e introduce algodón entre el lino, adelantándose también al cultivo de esta planta en Europa.

• De forma mágica para su época, obtiene una figura que sólo ha podido formarse ortogonalmente, es decir, por proyección vertical.

• Se adelanta a los descubrimientos de exégetas e historiadores del siglo XX y coloca sobre los ojos del Hombre muerto sendas monedas acuñadas por Poncio. Ha sido ahora cuando se ha establecido la fecha de la muerte de Jesús (año 30 de nuestra era).

- En contra de la tradición pictórica, el falsario perfora las muñecas del Hombre muerto y le encaja un «casco» de espinas. Sabe, además, que el crucificado padeció tetania y así lo refleja en los músculos del tórax.

- No satisfecho con todo lo anterior, el «genio» medieval se preocupa de dejar constancia en el lienzo de la presencia de sangre venosa y arterial (descubrimiento registrado en 1593).

- Y el «genio», según los laboratorios de Zurich, Oxford y Arizona, va mucho más allá, ya que deja restos de albúmina de suero (así aparece en los perfiles de las marcas de flagelación). Lo malo es que dicha albúmina sólo es visible con la ayuda de luz ultravioleta. ¿Para qué seguir…?

Clonar a Dios

5

Algo más que ficción...

¿Qué sucedería si alguien lograse clonar o duplicar el cuerpo de Jesús de Nazaret?

Y llegamos a una de las preguntas clave: ¿quién es el Hombre muerto? ¿Se trata, como indican todos los indicios, de Jesús de Nazaret?

En este sentido, los expertos en cálculo de probabilidad matemática han sido rotundos.

Para José Luis Carreño, la probabilidad de que el Hombre de la Sábana Santa no fuera el Maestro es de una contra cinco mil trillones. Otros, como el profesor Zeuli, lo «reducen» a doscientos veinticinco millones. En otras palabras: la misma probabilidad que tiene una piedra de convertirse en pájaro y salir volando.

Stevenson y Habernas —más prudentes—

calculan esa posibilidad en una contra ochenta y tres millones. Exactamente: una contra 82 944 000, algo tan difícil como cubrir la distancia Nueva York-San Francisco con tres líneas paralelas de billetes de un dólar y conseguir que un ciego acierte —a la primera— con uno previamente marcado.

¿Difícil? Yo diría que casi imposible...

Para mí está claro desde hace tiempo: la imagen de la Sábana Santa es la de Jesús de Nazaret. Un Jesús torturado y crucificado.

Para mí, un Hombre-Dios...

La amenaza Y ahí surge un nuevo problema. Una amenaza que, de cumplirse, desataría los demonios de esta atormentada raza humana. Si la sangre que presenta la Sábana Santa de Turín es la del Maestro, ¿estaremos algún día en condiciones de clonarlo? ¿Podríamos clonar a un Dios?

Para algunos científicos, esa posibilidad es pura ficción. La sangre de la Síndone es humana —eso está demostrado— pero, dicen, es una sangre sin células vivas. Científicamente es inviable. Nunca se podrá clonar al Hombre de la Síndone. Al menos, partiendo de los restos sanguinolentos que han quedado en el lino. Para otros no está tan claro. Hoy, efectivamente, la ciencia no dispone de la tecnología necesaria para llevar a cabo el proceso. Pero ¿lo conseguirá en un futuro no demasiado lejano? Personalmente estoy convencido de ello...

En 1998, el ya citado profesor Garza Valdés, de la Universidad de Texas (EE.UU.), presentó en Roma los resultados de sus investigaciones sobre la Síndone. Pues bien, entre otras novedades, Leoncio Garza anunció la clonación molecular de tres genes de la sangre contenida en la Síndone. Y afirmó: «Fui el primero que tuve el honor de clonar genes de la sangre de Cristo.»

En estos momentos, según mis cálculos, hay una decena de científicos que tienen en su poder muestras de la sangre de la Sábana Santa (sin contar la existente en el lienzo). En principio, todos son honrados, pero...

Y usted se preguntará: ¿qué sucedería si alguien lograse clonar o duplicar el cuerpo de Jesús de Nazaret? ¿Estaríamos realmente ante el Maestro? ¿Sería la Segunda Venida, como pretenden algunos locos e insensatos?

Suponiendo, como digo, que la ciencia disponga algún día de los medios para clonar el cuerpo del Hijo del Hombre, parece claro que el material genético de ese «doble» no estaría completo. En consecuencia, el «nuevo» Jesús sería defectuoso. Quizá, altamente defectuoso...

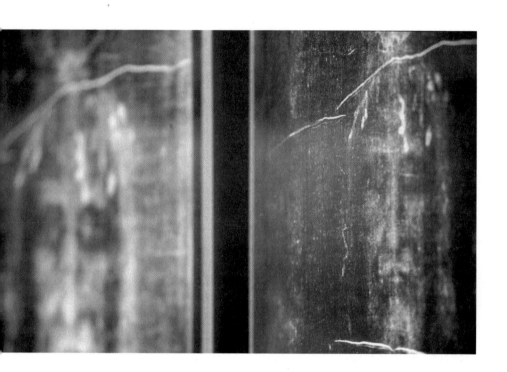

*La Sábana Santa
ya ha sufrido
tres incendios.
¿Casualidad?
En mi opinión,
alguien trata de
destruirla o
cambiarla.*

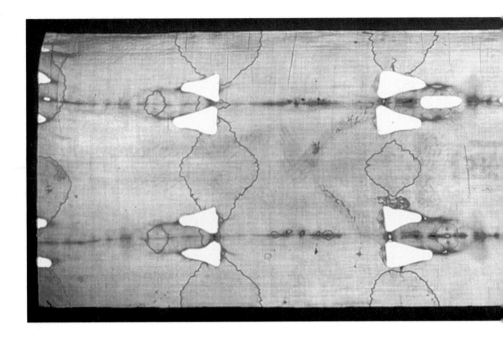

Y, por supuesto, no tendría nada que ver con la inteligencia, la personalidad y la divinidad del Maestro.

En suma, podríamos crear un monstruo de circo, susceptible —he ahí el gran peligro— de convertirse en un negocio, en un reclamo o en una herramienta «multiuso». Un simple ejemplo: ¿imagina usted un doble del Galileo al servicio de una secta destructiva? ¿Qué sucedería si alguien consigue clonar el cuerpo del Maestro y educarlo en la maldad químicamente pura?

Tres incendios sospechosos Y desde numerosos puntos del planeta se han alzado voces de alerta: «¡Atención! ¡Alguien podría destruir la Sábana Santa!»

Yo voy más allá y entiendo que ya lo han intentado. Primero en 1532, en el men-

cionado incendio de Chambéry, en Francia. Los calvinistas, al parecer, provocaron el pavoroso fuego. Y la urna con la Síndone fue rescatada en el último momento...

En octubre de 1972 se registró un suceso que casi ha sido olvidado: unos desconocidos treparon por el techo del Palacio Real (anexo a la catedral) e irrumpieron en la capilla de la Síndone. Trataron de prender fuego a la Sábana. El lienzo se salvó gracias al amianto que protegía el altar.

Veinticinco años después (en la madrugada del 11 al 12 de abril de 1997), tuvo lugar otro incendio —¡qué casualidad!— que se inició en la cúpula de la citada Capilla Real o de la Síndone. Por fortuna, la Sábana había sido removida en febrero de 1993

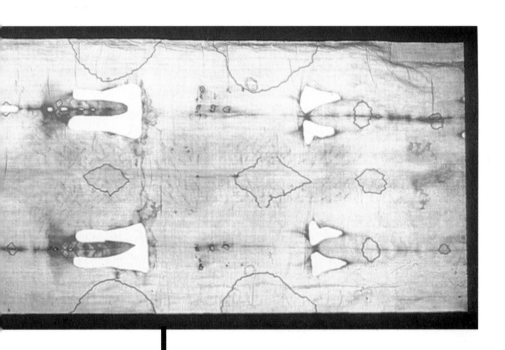

Marcas producidas
por el incendio de
1532 (en Chambéry).

■	Chamuscaduras producidas por el incendio
■	Cercos dejados por el agua para apagar el fuego
■	Remiendos colocados por las monjas clarisas en 1534

¿Cómo reaccionaría
el mundo cristiano
ante la aparición
de un «doble»
del Maestro?

Reconstrucción
del rostro
del Hombre
que aparece
en la Sábana
Santa de Turín.

y trasladada a la parte trasera del coro, con el fin de evitar que sufriera daños durante las obras de restauración de la referida cúpula, obra maestra del barroco italiano. De haber permanecido en el emplazamiento original, la urna con seguridad habría sido calcinada. Y con ella, la imagen del Hombre muerto...

Mario Trematore fue el bombero que consiguió extraer el relicario de plata. Para ello tuvo que golpear los metacrilatos blindados —de 39 milímetros cada uno— con la ayuda de una hacha. En total, más de cien golpes. La urna fue sacada de la catedral de San Juan Bautista a las 1.36 horas. Doscientos bomberos de Turín y otras localidades próximas siguieron luchando con las llamas hasta las 4.30 de esa madrugada. La cúpula y la capilla resultaron gravemente dañadas. Hasta el momento nadie ha aclarado las causas del siniestro...

A esto hay que sumar la formidable campaña de desprestigio sufrida por la Síndone en 1988, con los resultados del C14. Parece como si la imagen del Hombre muerto fuera una grave amenaza. La cuestión es para quién...

Restauración del lienzo en 2002

En los meses de junio y julio de 2002 se procedió a la «restauración» de la Sábana Santa de Turín. Un equipo especializado, dirigido por la suiza Flury Lemberg, retiró la treintena de parches triangulares que habían sido cosidos por las monjas clarisas de Chambéry (Francia), a raíz del incendio de 1532. El trabajo de las religiosas finalizó en 1534. También fue eliminada la no menos célebre «tela de Holanda», cosida en la misma época, y que servía como forro o protección posterior. Los expertos han efectuado una minuciosa revisión del lienzo, en especial de los cosidos, y han guardado e inventariado el polvo recogido en dichas piezas. La intención de los especialistas es mantener la Sábana Santa extendida, evitando los pliegues. Aprovechando la circunstancia, se han fotografiado ambas caras de la tela, y se han sometido las superficies a un proceso de digitalización de la imagen, entre otros experimentos que se darán a conocer en su momento.

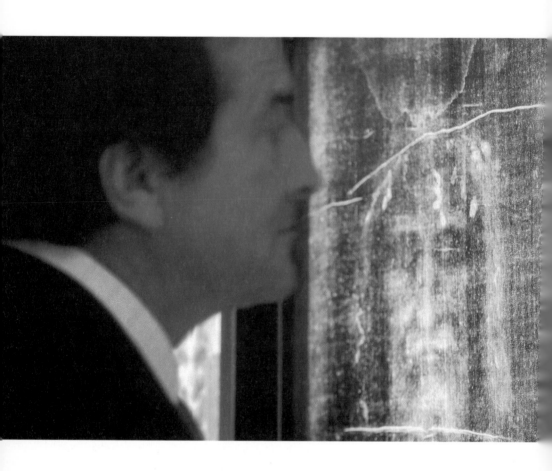

Punto final

«Un as en la manga de Dios»

11 de setiembre. Museo de la Sábana Santa. Turín. Eran cerca de las tres de la tarde. Habíamos terminado de rodar y nos disponíamos a almorzar. Tommie Ferreras, operador de cámara de «Planeta encantado», recibe una inesperada llamada de su mujer. Se encuentra muy nerviosa. Anuncia que las torres gemelas de Nueva York han sufrido un atentado suicida. Mal asunto. Las dificultades en los aeropuertos, los traslados de los equipos, visados y permisos de rodaje..., se iban a multiplicar. Temí lo peor. Fue el único momento. Lo reconozco. Peligraba la continuidad de «Planeta encantado». Y me acerqué a Él y le pedí una señal...

Cuadernos de campo

Publicados por primera vez

A lo largo de treinta años de investigación por todo el mundo, J. J. Benítez ha reunido un centenar de cuadernos de campo. Unos textos íntimos —él prefiere llamarlos «cuadernos casi secretos»—, en los que refleja el día a día de viajes, investigaciones, éxitos y fracasos.

Jamás se habían publicado. Con «Planeta encantado» salen al fin a la luz. Una vez más, las imágenes hablan por sí solas...

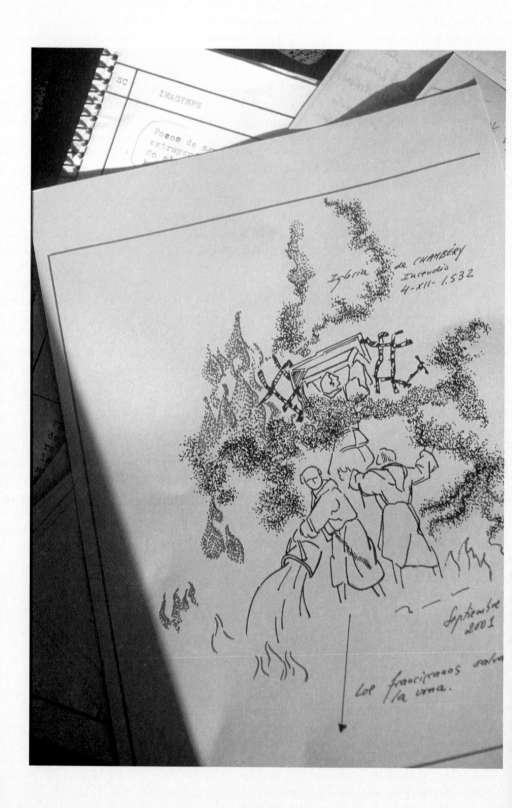

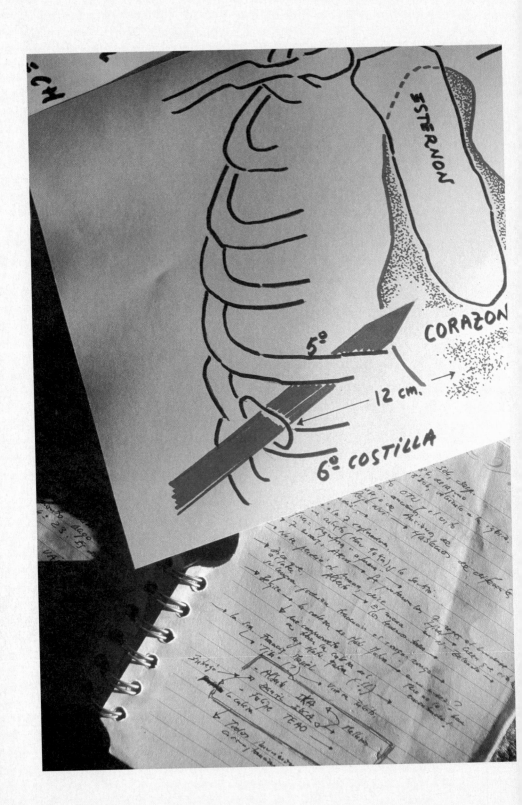

248

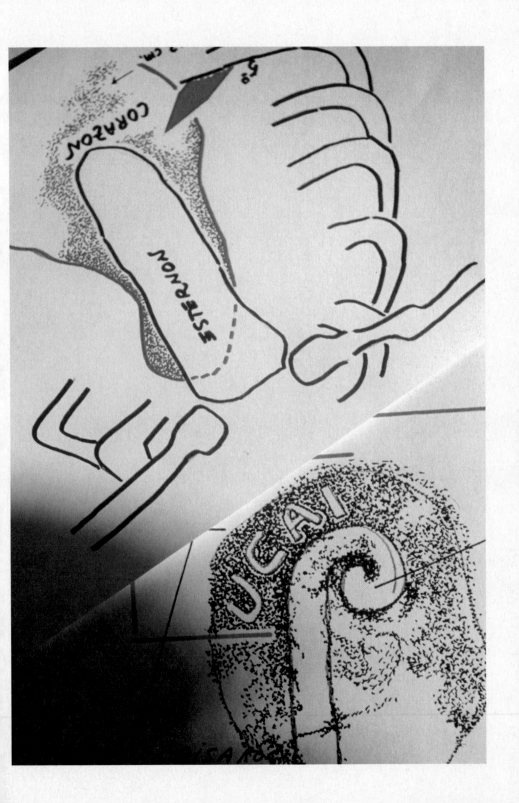

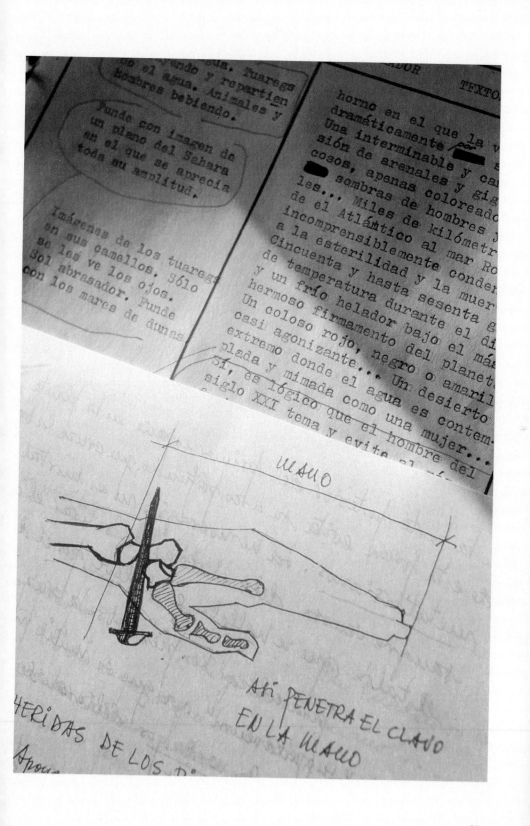

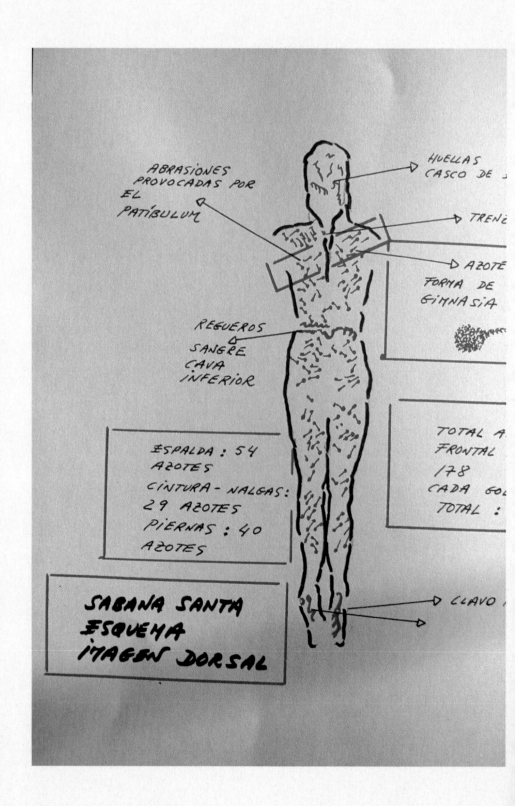

ABRASIONES PROVOCADAS POR EL PATÍBULUM

HUELLAS CASCO DE

TRENZ

AZOTE

FORMA DE GIMNASIA

REGUEROS SANGRE CAVA INFERIOR

ESPALDA : 54 AZOTES
CINTURA - NALGAS: 29 AZOTES
PIERNAS : 40 AZOTES

TOTAL A
FRONTAL
178
CADA GOL
TOTAL :

SABANA SANTA
ESQUEMA
IMAGEN DORSAL

CLAVO

252

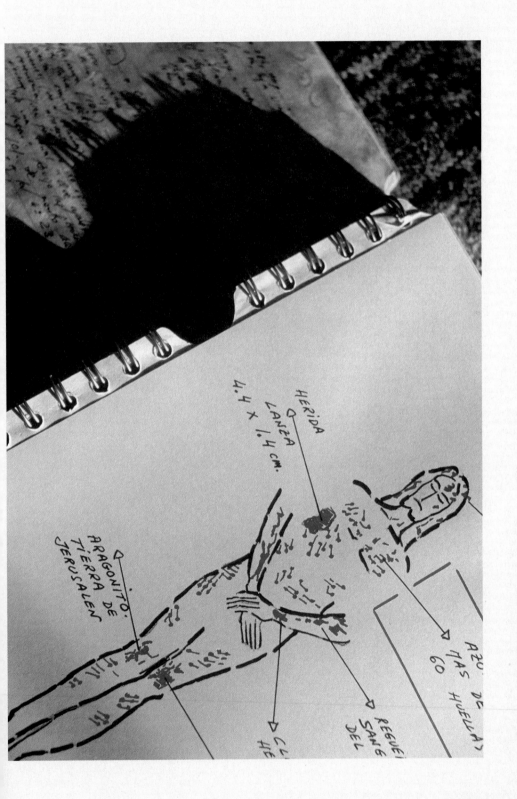

253